McDougal Littell

Unit 1 Resource Book

McDougal Littell

A HOUGHTON MIFFLIN COMPANY

Evanston, Illinois • Boston • Dallas

TABLE OF CONTENTS

Unidad 1

Table of Contents

¡En español! Level 3

Unidad 1
Table of Contents

iii

The Unit Resource Books, which accompany each unit of *¡En español!,* provide a wide variety of materials to practice, expand and assess the material in the *¡En español!* student text.

Components

Following is a list of components included in each *Unit Resource Book* and correlated to each *etapa*:

- *Más práctica (cuaderno),* **Teacher's Edition**
- *Cuaderno para hispanohablantes,* **Teacher's Edition**
- **Information Gap Activities**
- **Family Involvement**
- **Video Activities**
- **Videoscripts**
- **Audioscripts**
- **Assessment Program:**
  Cooperative Quizzes
  Etapa Exams, Forms A & B
  Exámenes para hispanohablantes
  Portfolio Assessments

Cumulative Resources, which follow the third *etapa* of each unit, include the following materials:

- **Assessment Program:**
  Unit Comprehensive Test
  Pruebas comprensivas para hispanohablantes
  Multiple Choice Test Questions
- **Answer Key**

Component Description

Más práctica (cuaderno), Teacher's Edition

The *Más práctica (cuaderno)* is directly referenced in the student text and provides additional listening, vocabulary, and grammar activities based on the material taught in each *etapa* of the student text. As an additional study tool, there are *etapa* bookmarks that include the *En resumen* vocabulary list and abbreviated grammar explanations.

Escuchar

The listening activities in the *Más práctica (cuaderno)* give students the opportunity to demonstrate comprehension of spoken Spanish in a variety of realistic contexts. While listening to excerpts from the cassette/CD that accompanies the *¡En español!* **Audio Program,** students work through two pages of listening activities to improve both general and discrete comprehension skills.

Vocabulario

These activities give students additional practice of the active vocabulary presented in each *etapa*. The activities are frequently art-based and range in style from controlled to open-ended.

Gramática

These activities reinforce the grammar points taught in the **En acción** section of each *etapa*. Each activity is keyed to a specific grammar point. The activities are frequently art-based and in a variety of formats, including sentence completion, question-answer practice, dialogue completion, and guided comprehension.

Cuaderno para hispanohablantes, Teacher's Edition

The *Cuaderno para hispanohablantes* is directly referenced in the student text. It includes *etapa*-specific listening, reading, grammar, spelling, dictation, writing, and culture activities that respond to the specific needs of native speakers of Spanish and gives them the opportunity to improve their Spanish in a variety of realistic contexts. As an additional study tool, there are *etapa* bookmarks that include the *En resumen* vocabulary list and abbreviated grammar explanations.

Escuchar

The listening activities in the *Cuaderno para hispanohablantes* respond to the specific needs of native speakers of Spanish and give them the opportunity to improve comprehension of spoken Spanish in a variety of realistic contexts. After listening to excerpts from the cassette / CD that accompanies the **Audio Program,** students sharpen their spelling, accentuation, and grammar skills.

Lectura

The readings and reading activities in the *Cuaderno para hispanohablantes* practice and expand upon the topics presented in the student text. The activities come in a variety of styles, including prereading activities with graphic organizers and post-reading questions that focus not only on simple comprehension but also on critical thinking.

Gramática

Geared specifically to the native speaker of Spanish, these activities offer further opportunities to practice the grammar points taught in the **En acción** section of each *etapa.* Each activity is keyed to a specific grammar point. The activities are frequently art-based and provide a variety of forms, including sentence completion, question-answer practice, real life information, dialog completion, and guided comprehension.

Escritura

Created specifically for the native speaker of Spanish, these writing activities complement those in the student text and give students additional practice. This writing practice is tailored to their individual skills and focuses on topics and themes that are touched upon in the student text.

Cultura

The activities in this section of the workbook expand upon the cultural concepts presented in the student text. These activities provide students with ample opportunities to consider their own cultural values and how those values connect with the cultural orientations of other students in the class and other speakers of Spanish. Activities focus on student text topics and themes, regional variations, and cross-cultural similarities.

Information Gap Activities

These paired communication activities are additional to the material in the back of the student book. In these activities, Student A and Student B each have unique information, which they must share in order to accomplish each activity's goal.

Family Involvement

This section offers strategies and activities to increase family support for students' learning the Spanish language and studying different cultures.

Video Activities

These previewing, viewing, and postviewing activities for the *¡En español!* **Video Program** increase students' comprehension of the interview and authentic video segment.

Videoscripts

This section provides complete scripts for the entire **Video Program,** including the *Entrevista* and the *En colores* section.

Audioscripts

This section provides scripts for the entire **Audio Program** and includes: vocabulary presentations, dialogs, readings and reading summaries, audio for *Más práctica (cuaderno)* and student text activities, audio for native speaker activities and assessment program.

Assessment Program

Cooperative Quizzes

Cooperative Quizzes are short, check-for-understanding vocabulary and grammar quizzes that can be taken individually or cooperatively.

Etapa Exams, Forms A & B

These are five-skill exams provided in two forms for easy classroom management. Each test begins with one overall testing strategy prompt to build students' confidence, and each test section will also remind students of additional strategies for test-taking success.

Exámenes para hispanohablantes

These five-skill exams parallel the focus of the objectives in the *Cuaderno para hispanohablantes.* Like the tests for non-native students, each native speaker test begins with a test-taking strategy that builds confidence and gently reminds students of the language strategies.

Portfolio Assessment

This component provides two assignments per *etapa*. These assignments feature outstanding speaking, writing and projects paired with holistic scoring tools for each assignment.

Cumulative Resources

Assessment Program

Unit Comprehensive Tests

Unit Comprehensive Tests are functionally driven, so they assess students' overall ability to communicate in addition to their understanding of vocabulary and grammar concepts.

Pruebas comprensivas para hispanohablantes

These tests are functionally driven like the non-native tests, yet also assess skills and concepts from the *Cuaderno para hispanohablantes.*

Multiple Choice Test Questions

These are the print version of the multiple choice questions from the **Test Generator.** They are contextualized and focus on vocabulary, grammar, and the five skills.

Answer Key

The **Answer Key** includes answers that correspond to the following material:

- **Information Gap Activities**
- **Family Involvement**
- **Video Activities**
- **Cooperative Quizzes**
- **Etapa Exams**
- *Exámenes para hispanohablantes*
- **Unit Comprehensive Tests**
- *Pruebas comprensivas para hispanohablantes*
- **Multiple Choice Test Questions**

ESCUCHAR ⦿⦿⦿⦿⦿⦿⦿⦿⦿⦿⦿⦿⦿⦿⦿⦿⦿⦿⦿⦿⦿⦿⦿⦿⦿⦿⦿⦿⦿⦿⦿⦿⦿⦿⦿⦿

Escucha lo que dice Alejandra Soto del día que va a pasar en el centro y después indica cuál de las respuestas completa mejor las oraciones. **Strategy: Remember to organize the details of what Alejandra tells you and concentrate on the differences among the people she mentions.** (10 puntos)

1. Alejandra Soto desea _____.

   a. salir un poco del centro

   b. escribir un informe

   c. pasar el día en la ciudad

   d. alquilar una película

2. Quiere ir a las tiendas porque _____.

   a. necesita ropa

   b. tiene que arreglarse para salir

   c. se divierte mucho más allí

   d. tienen buenos restaurantes

3. Va a llamar a su amiga Rosa María _____.

   a. porque espera que Rosa María la invite

   b. porque Rosa María le dijo que estaría ocupada

   c. para preguntarle dónde debe comer

   d. para invitarla a ir con ella

4. Si Luisa Suñer puede ir con ellas, sería bueno porque ella _____.

   a. se vestiría para salir

   b. siempre se compra algo en las tiendas

   c. puede recomendarles un restaurante

   d. ya se ha peinado

5. Alejandra cree que ella y sus amigas _____.

   a. volverán a las diez y media

   b. se divertirán mucho

   c. irán al cine primero

   d. no llegarán al centro

Etapa preliminar

Diagnostic Placement Test

LECTURA   ⊚⊚⊚⊚⊚⊚⊚⊚⊚⊚⊚⊚⊚⊚⊚⊚⊚⊚⊚⊚⊚⊚⊚⊚⊚⊚⊚⊚⊚⊚⊚

Benito Vargas habla de la naturaleza y el medio ambiente. Escucha lo que dice y después indica cuál de las posibilidades completa mejor estas oraciones. (10 puntos)

Me llamo Benito Vargas. Siempre he vivido en la ciudad, primero en San Juan de Puerto Rico donde nací hace diecinueve años y después en Nueva York. Por eso en verano mis padres nos mandaban a mis tres hermanos y a mí a la granja de mis abuelos en las montañas de Puerto Rico o a un campamento que quedaba en Maine. Así pasábamos unos meses respirando el aire puro. Trabajo en una compañía internacional en Nueva York. Ahora que paso el verano en la ciudad por primera vez en la vida, recuerdo más que nunca esos magníficos veranos que pasaba en el campo. Estamos en agosto y está haciendo un calor tremendo en la ciudad. Los días son calurosos y muy húmedos y las noches son casi iguales.

Está a casi noventa y seis grados todos los días. Pero no son días soleados porque no se ve el sol. Es que hay mucha contaminación. Por eso ni puedo ir a la oficina en bicicleta. Claro que paso todo el día en la oficina con el aire condicionado encendido. Sentado en mi computadora pienso en la naturaleza tan hermosa de Puerto Rico...las montañas, el flamboyán, el hermoso árbol con flores rojas típico de la Isla, los días claros y las noches tan frescas. Y pienso también en los bosques de Maine con sus colinas, valles y los senderos que seguíamos para llegar a los lagos. Aunque nunca me gustó el frío del agua, cuando lo pienso, era mejor que el frío del aire acondicionado.

6. Benito Vargas _____.

   a. vive en el campo

   b. tiene cuatro hermanos

   c. estudia en un colegio

   d. nació en San Juan

7. Benito y sus hermanos pasaban los veranos _____.

   a. con sus abuelos en Maine

   b. en una granja puertorriqueña

   c. trabajando en Nueva York

   d. en un campamento en San Juan

8. Benito dice que en Nueva York _____.

   a. hace mucho calor y hay humedad

   b. son días soleados

   c. es mejor andar en bicicleta

   d. hace casi ochenta y seis grados

9. Mientras Benito está en su oficina, piensa en _____.

   a. el flamboyán de Nueva York

   b. los lagos fríos de Maine

   c. su trabajo en la computadora

   d. adónde va a ir de vacaciones

10. A Benito le gusta _____ más que _____.

   a. la colina / la montaña

   b. el sendero / el valle

   c. el lago / el aire acondicionado

   d. Maine / Puerto Rico

LECTURA ꧁꧁꧁꧁꧁꧁꧁꧁꧁꧁꧁꧁꧁꧁꧁꧁꧁꧁꧁꧁꧁꧁꧁꧁꧁꧁꧁

Rosaura Galíndez habla de su entrevista. Lee lo que dice y después indica cuál de las posibilidades completa mejor estas oraciones. (10 puntos)

Me llamo Rosaura Galíndez. Soy de Quito. Vivo y estudio en Bogotá. Ahora estoy buscando un trabajo para el verano. Estudio informática y sé programar y hacer páginas-web. Me gustaría encontrar un puesto en una empresa internacional. Yo puedo diseñar páginas-web para vender sus productos y servicios en español e inglés. Leí los anuncios en el periódico y mandé mi currículum vitae a varias compañías. Me llamó una la semana pasada y fui a una entrevista. Era una compañía que producía ropa para mujeres y hombres, como abrigos, chaquetas, trajes y vestidos. Me hicieron muchas preguntas sobre mis estudios y mis metas para el futuro. Me dijeron que tendría que diseñar páginas-web para vender su ropa por Internet. Luego me hablaron de los requisitos y me dijeron que me avisarían dentro de una semana. Yo creo que le caí bien al entrevistador y el puesto me pareció muy interesante. Creo que aprendería mucho trabajando en esa empresa. Ojalá que me den el puesto.

11. Rosaura Galíndez _____.

    a. nació en Bogotá

    b. estudia en Quito

    c. es del Ecuador

    d. toma clases de ingeniería

12. Rosaura Galíndez _____.

    a. busca empleo para el verano

    b. estudia diseño

    c. no sabe programar

    d. encontró un puesto por Internet

13. Rosaura puede _____.

    a. hacer trajes y vestidos

    b. escribir anuncios

    c. hablar español e inglés

    d. entrevistar a la gente

14. Le dijeron a Rosaura que _____.

    a. les cayó muy mal

    b. tendría que diseñar páginas-web

    c. empezaría en seguida

    d. tendría que aprender mucho

15. Rosaura espera que _____.

    a. le devuelvan su currículum vitae

    b. no le hagan más preguntas

    c. vendan muchos abrigos

    d. le den el puesto

Etapa preliminar

Diagnostic Placement Test

VOCABULARIO Y GRAMÁTICA ⚙⚙⚙⚙⚙⚙⚙⚙⚙⚙⚙⚙⚙⚙⚙⚙

Indica cuál de las posibilidades completa mejor estas oraciones. (50 puntos)

16. Mi tía _____ tamales y chiles rellenos.

    a. hice

    b. hay

    c. hizo

    d. hicieron

17. Los periodistas _____ el artículo del español al inglés.

    a. tradujeron

    b. traduce

    c. tradujo

    d. traducir

18. —¿Qué te _____ esas señoritas?
    —¿Cuáles? ¿_____?

    a. dijeron/Ésas

    b. dijimos/Aquéllas

    c. dijeron/ésos

    d. di/Ésas

19. Cuando mi mamá _____ pequeña, _____ en Costa Rica.

    a. estaba siendo/estaba viviendo

    b. es/vive

    c. fui/vivió

    d. era/vivía

20. —¿Comprendes estas preguntas?
    —No, _____.

    a. explícamelas

    b. te las explico

    c. explícaselas

    d. explícanoslas

21. Mañana es la reunión del club. Espero que todos los estudiantes _____ venir.

    a. quisieron

    b. quieren

    c. quieran

    d. querrían

22. Mis amigos van a acampar este fin de semana, pero yo estoy ocupado. Siento no _____ ir.

    a. podría

    b. poder

    c. pueda

    d. podré

23. El guía sugiere que _____ por aquí para ver edificios coloniales interesantes.

    a. estamos siguiendo

    b. seguiríamos

    c. seguimos

    d. sigamos

24. Al profesor le fastidia que no _____ los verbos.

    a. sepamos

    b. sabemos

    c. sabremos

    d. supimos

25. No sé cómo vamos a apagar la fogata. No trajimos _____ para llevar agua.

    a. el balde

    b. las sábanas

    c. los fósforos

    d. el abrelatas

26. _____ dos años _____ tomamos clases de español.

    a. Cuando/hace

    b. Hubo/cuando

    c. Que/hace

    d. Hace/que

27. —¿Debo darle la sombrilla a Luz María?

—No, no _____. Es mejor que ella _____ a Ramona.

a. se la das/te la pida

b. se la des/se la pida

c. dásela/te la pido

d. se la das/está pidiéndotela

28. —Catalina se cayó y se lastimó la pierna.

—Sí, lo sé. Creo que _____ duele mucho.

a. la

b. le

c. se la

d. se

29. —Necesito ir a los almacenes para comprarme un pantalón. ¿Me acompañas?

—Sí, _____.

a. salíamos

b. salgamos

c. saldremos

d. saldríamos

30. Siento que hoy no _____ un día soleado y que no _____ calor.

a. haga/haga

b. sea/sea

c. sea/haga

d. haga/sea

31. Magdalena va a España _____ una semana _____ hacer turismo.

a. para/para

b. por/para

c. por/por

d. para/por

32. Nosotros no sabíamos si Luis y Carla _____ o no.

a. irán

b. irían

c. ido

d. vayan

33. Dudo que _____ abrir las latas de comida sin _____.

a. podemos/los fósforos

b. podamos/las tijeras

c. podamos/el abrelatas

d. poder/la leña

34. —¡Raquel! Quiero que pongas la mesa.

—Ya _____, mamá.

a. está puesta

b. es puesta

c. he puesto

d. se pone

35. Necesito estudiar los datos que usted encontró, señorita Fernández. _____, por favor.

a. Déselos

b. Dámelos

c. Dénmelos

d. Démelos

36. ¡Qué pena! Hace más de un mes que no llueve y _____ todas las flores del parque.

a. han muerto

b. muertos

c. morir

d. morirían

37. Cuando yo _____ hoy por la mañana _____ sol.

a. he salido/hecho

b. saldría/haría

c. salía/hizo

d. salí/hacía

38. —No puedo hacerte la comida.

—No _____ así. _____.

a. eres/Me la haces

b. sé/Házmela

c. seas/ Házmela

d. seas/Me la hiciste

39. —¿Cuánto tiempo _____ salió el avión?

—_____ media hora.

a. hizo que/Hace que

b. hacía que/Hace

c. hizo que/Hizo

d. hace que/Hace

40. Es importante que _____ más centros de reciclaje.

a. hay

b. haya

c. haga

d. ha habido

ESCRITURA ᘓᘓᘓᘓᘓᘓᘓᘓᘓᘓᘓᘓᘓᘓᘓᘓᘓᘓᘓᘓᘓᘓᘓᘓ

Acaban de ofrecerte un puesto de reportero(a) en una revista internacional para gente joven. ¿Sobre qué cosas escribirías? ¿Qué te gustaría ver en la revista? ¿Qué temas les interesaría a los jóvenes como tú? En una hoja aparte, escribe un párrafo sobre la revista y tu trabajo allí. (10 puntos)

temas para artículos	cosas de interés para los jóvenes	ideas para secciones de la revista

Writing Criteria	Scale	Writing Criteria	Scale	Writing Criteria	Scale
Vocabulary Usage	1 2 3 4 5	Accuracy	1 2 3 4 5	Organization	1 2 3 4 5

HABLAR ᘓᘓᘓᘓᘓᘓᘓᘓᘓᘓᘓᘓᘓᘓᘓᘓᘓᘓᘓᘓᘓᘓᘓᘓᘓ

Contesta las preguntas sobre las ideas que tienes para tu futuro. (10 puntos)

1. ¿A qué países te gustaría viajar?

2. ¿Qué materias te interesaría estudiar?

3. ¿Qué carrera quieres seguir?

4. ¿Por qué crees que es importante tener una buena educación?

5. ¿En dónde crees que estarás en el año 2010? ¿Qué harás?

Speaking Criteria	Scale	Speaking Criteria	Scale	Speaking Criteria	Scale
Vocabulary Usage	1 2 3 4 5	Accuracy	1 2 3 4 5	Organization	1 2 3 4 5

GRAMÁTICA: PRESENT TENSE OF REGULAR VERBS ඔඔඔඔ

ACTIVIDAD 1 Los domingos por la tarde

Acabas de conocer a un mexicoamericano por Internet. Te pregunta qué hacen tú y los miembros de tu familia los domingos por la tarde. Dile lo que hacen. Sigue el modelo.

modelo: yo: trabajar en casa
Generalmente los domingos por la tarde yo trabajo en casa.

1. yo: descansar después de trabajar _Generalmente los domingos por la tarde yo descanso después de trabajar._

2. Miguel: patinar en el parque con sus amigos _Generalmente los domingos por la tarde Miguel patina en el parque con sus amigos._

3. Raquel: escribir en su diario _Generalmente los domingos por la tarde Raquel escribe en su diario._

4. nosotros: alquilar un video _Generalmente los domingos por la tarde alquilamos un video._

5. Teresa y Paula: correr dos millas por la ciudad _Generalmente los domingos por la tarde Teresa y Paula corren dos millas por la ciudad._

ACTIVIDAD 2 ¿Cuántas veces?

¿Cuántas veces por semana hacen ciertas cosas estas personas? Sigue el modelo.
modelo: yo/cocinar (dos veces) Yo cocino dos veces por semana.

1. tú/trabajar (cinco días) _Tú trabajas cinco días por semana._

2. usted/comer fuera de casa (tres veces) _Usted come fuera de casa tres veces por semana._

3. ustedes/correr tres millas (cuatro veces) _Ustedes corren tres millas cuatro veces por semana._

4. Tomás y Francisco/jugar al fútbol (dos veces) _____ _dos veces por semana._

5. nosotros/limpiar la casa (una vez) _Nosotros limpiamos la casa una vez por semana._

GRAMÁTICA: PRESENT WITH IRREGULAR *yo* FORMS

ACTIVIDAD 3 ¿Qué haces?

Haces muchas cosas durante una semana. ¿Qué haces?

1. tarea (por las noches)

Hago la tarea por las noches.

2. cama (antes de irme al colegio)

Hago la cama antes de irme al colegio.

3. quehaceres (durante el fin de semana)

Hago los quehaceres durante el fin de semana.

4. ejercicio (todos los días)

Hago ejercicio todos los días.

5. cena (viernes)

Hago la cena los viernes.

ACTIVIDAD 4 Los países

Tu compañero(a) de clase quiere saber si conoces los países de la Unidad 2. Contesta sus preguntas.

1. ¿Conoces Honduras?

Sí, (No, no) conozco Honduras.

2. ¿Conoces El Salvador?

Sí, (No, no) conozco El Salvador.

3. ¿Conoces Costa Rica?

Sí, (No, no) conozco Costa Rica.

4. ¿Conoces Guatemala?

Sí, (No, no) conozco Guatemala.

5. ¿Conoces Nicaragua?

Sí, (No, no) conozco Nicaragua.

PRELIMINAR

CUADERNO Más práctica

5 La fiesta

Cuando hay una fiesta, todos ayudan con las preparaciones. ¿Qué dicen las siguientes personas que hacen para ayudar con la fiesta?

modelo: traer los discos
            Yo siempre traigo los discos.

1. poner la mesa

   Yo siempre pongo la mesa.

2. hacer las invitaciones

   Yo siempre hago las invitaciones.

3. salir a comprar los refrescos

   Yo siempre salgo a comprar los refrescos.

4. venir temprano para ayudar con las invitaciones

   Yo siempre vengo temprano para ayudar con las preparaciones.

5. ir a mandar las invitaciones

   Yo siempre voy a mandar las invitaciones.

6 Yo...

Quieres explicarle a tu nuevo(a) amigo(a) panameño muchas cosas sobre tu vida. Escribe cinco oraciones que explican algo de tu vida. **Answers will vary.**

1. salir (¿cuándo? ¿adónde? ¿con quién?,...)

   _____

2. conocer (¿lugar? ¿persona? ¿música de...?,...)

   _____

3. hacer (¿qué? ¿cuándo? ¿con quién?,...)

   _____

4. dar (¿qué? ¿a quién? ¿en qué ocasión?,...)

   _____

5. saber (¿bailar? ¿tocar un instrumento? ¿cocinar?,...)

   _____

GRAMÁTICA: PRETERITE TENSE OF REGULAR VERBS

ACTIVIDAD 7 Beto

Beto es puertorriqueño y todavía tiene familia en Puerto Rico. La semana pasada visitó a sus tíos y primos en la isla. Escucha lo que dice de su viaje. Luego, escribe oraciones completas que describen lo que hicieron Beto y su familia.

1. visitar Beto visitó a sus tíos y sus primos en Puerto Rico la semana pasada.

2. nadar El sábado Beto y sus primos nadaron en la playa.

3. cenar Por la noche cenaron en un restaurante fabuloso.

4. correr Beto corrió dos millas en la playa.

5. patinar Más tarde Beto y sus primos patinaron por el parque.

6. escuchar, bailar Por la noche escucharon salsa y bailaron.

ACTIVIDAD 8 Las vacaciones

El verano pasado fuiste de vacaciones con tu familia a la República Dominicana. Hicieron muchas cosas allí. Escribe seis oraciones sobre lo que hicieron los miembros de tu familia en las vacaciones. Usa los verbos de la lista si quieres.

1. escuchar Answers will vary.

2. bailar _____

3. comer _____

4. comprar _____

5. caminar _____

6. nadar _____

ACTIVIDAD 9 La semana pasada

La semana pasada tuviste que hacer muchas cosas entre el colegio, los quehaceres en casa, los deportes, las clases de música, etc. ¿Qué hiciste? Escribe un párrafo que describe todo lo que hiciste la semana pasada. Answers will vary.

_____

_____

_____

GRAMÁTICA: VERBS WITH SPELLING CHANGES

ACTIVIDAD 10 La deportista

Tienes una amiga que es muy deportista. Ella te dice varias cosas. Escribe lo que te dice usando el **pretérito** de los verbos.

1.
domingo

Juego fútbol el domingo.

Jugué fútbol el domingo.

2.
lunes

El lunes Carla y Mauricio van al partido de voleibol.

El lunes Carla y Mauricio fueron al partido de voleibol.

3.
martes

El martes empiezan los partidos de tenis.

El martes empezabon los partidos de tenis.

4.
miércoles

El miércoles pago los boletos para las entradas de béisbol.

El miércoles pagué los boletos para las entradas de béisbol.

5.
jueves

El jueves investigo equipos participan en el juego de baloncesto.

El jueves investigué los equipos que participaron en el torneo de baloncesto.

6.
viernes

El viernes yo busco el equipo para jugar fútbol americano con Alberto.

El viernes yo busqué el equipo para jugar fútbol americano con Alberto.

¡En español! Level 3

PRELIMINAR

CUADERNO
Más práctica

Papá

Tu papá ha estado fuera de casa en un viaje de negocios. Acaba de regresar y te hace muchas preguntas sobre lo que ocurrió mientras él estaba de viaje. Contéstale afirmativamente usando la explicación entre paréntesis en tu respuesta.

1. ¿Empezaste la tarea? (hace dos horas)

Sí, la empecé hace dos horas.

2. ¿Llegaste a tiempo al colegio? (cuando sonó el timbre)

Sí, llegué cuando sonó el timbre.

3. ¿Jugaste en el partido del sábado? (casi todo el partido)

Sí, jugué casi todo el partido.

4. ¿Buscaste el regalo para tu madre? (el perfume que le gusta)

Sí, busqué el perfume que le gusta.

5. ¿Sacaste la basura? (anoche)

Sí, saqué la basura anoche.

6. ¿Almorzaste hoy? (en un restaurante argentino)

Sí, almorcé en un restaurante argentino.

 ¿A qué hora?

Dile a tu compañero(a) de clase a qué hora hiciste las siguientes cosas.

1. llegar a casa

Answers will vary. Sample answers follow.   Llegué a casa a las…

2. empezar a hacer la tarea

Empecé a hacer la tarea a las…

3. practicar el piano

Practiqué el piano a las…

4. sacar la basura

Saqué la basura a las…

5. buscar un programa en la tele

Busqué un programa en la tele a las…

GRAMÁTICA: PRETERITE OF STEM CHANGING VERBS 🌀

ACTIVIDAD 13 Enrique

Enrique fue a cenar en casa de su amiga Marta, pero no le fue muy bien. Escucha su descripción de la noche. Luego, completa las oraciones según su descripción.

1. Su amiga Marta _____le sirvió_____ mucha comida.

2. Enrique _____siguió_____ comiendo hasta que terminó.

3. Enrique _____se sintió_____ enfermo.

4. Enrique _____pidió_____ un taxi.

5. Enrique _____se durmió_____ en el taxi.

6. Enrique no _____se divirtió_____.

ACTIVIDAD 14 Los tres amigos

Joaquín salió con sus dos amigas, Carolina y Esperanza. Él quería hacer una cosa, y ellas querían hacer otra. Di lo que prefirió él y lo que prefirieron ellas.

modelo: salir a las seis/salir a las siete
Joaquín prefirió salir a las seis. Carolina y Esperanza prefirieron salir a las siete.

1. ir a comer/ir de compras _Joaquín prefirió ir a comer. Carolina y Esperanza prefirieron ir de compras._

2. el restaurante argentino/el restaurante chileno _Joaquín prefirió restaurante argentino. Carolina y Esperanza prefirieron el restaurante chileno._

3. la carne/el pescado _Joaquín prefirió la carne. Carolina y Esperanza prefirieron el pescado._

4. pagar en efectivo/pagar con tarjeta de crédito _Joaquín prefirió pagar en efectivo. Carolina y Esperanza prefirieron pagar con tarjeta de crédito._

5. regresar a casa/salir a bailar _Joaquín prefirió regresar a casa. Carolina y Esperanza prefirieron salir a bailar._

PRELIMINAR
CUADERNO Más práctica

ACTIVIDAD 15 También

Tú saliste el sábado por la noche. Tu amiga Celia y tus amigos Donaldo y Rogelio también salieron el sábado. Di que tus amigos hicieron las mismas cosas que hiciste tú. Sigue el modelo.

modelo: Yo me vestí en ropa informal. _Celia también se vistió en ropa informal._
Donaldo y Rogelio también se vistieron en ropa informal.

1. Yo preferí ir a la fiesta en coche. _Celia también prefirió ir a la fiesta en coche._

   Donaldo y Rogelio también prefirieron ir a la fiesta en coche.

2. Yo le pedí direcciones a su casa a Inés. _Celia también le pidió direcciones a su casa a_

   Inés. Donaldo y Rogelio también le pidieron direcciones a su casa a Inés.

3. Yo seguí las instrucciones para llegar a su casa. _Celia también siguió las_

   instrucciones para llegar a su casa. Donald y Rogelio también siguieron las

   instucciones para llegar a su casa.

4. Yo me divertí muchísimo. _Celia también se divirtió muchísimo. Donaldo y Rogelio_

   también se divirtieron muchísimo.

5. Yo me despedí a las once. _Celia también se despidió a las once. Ronaldo y Rogelio_

   también se despidieron a las once.

ACTIVIDAD 16 ¿Cómo se sintieron?

Esta semana todos tus amigos pasaron por muchas emociones. Di cómo se sintieron varios de tus amigos y por qué. Usa las emociones de la lista si quieres.

> tranquilo   contento   nervioso   alegre   enfermo
> preocupado   cansado   triste   deprimido

1. _____

2. _____

3. _____

4. _____

5. _____

GRAMÁTICA: IRREGULAR PRETERITES

ACTIVIDAD 17 ¿Qué dijeron?

Tu familia está en casa un domingo por la tarde y todos se sienten de diferentes maneras. Tu mamá quiere saber qué dijeron todos los miembros de la familia. Dile qué dijeron.

modelo: Delia y Dulce (tener frío) <u>Dijeron que tenían frío.</u>

1. papá (tener hambre) <u>Dijo que tenía hambre.</u>

2. yo (tener sed) <u>Dije que tenía sed.</u>

3. nosotros (tener sueño) <u>Dijimos que teníamos sueño.</u>

4. tú (tener prisa) <u>Dijiste que tenías prisa.</u>

5. Ana y Luz (tener calor) <u>Dijeron que tenían calor.</u>

6. usted (tener ganas de estar afuera) <u>Dijo que tenía ganas de estar afuera.</u>

ACTIVIDAD 18 Viajes por los países andinos

Varios de tus amigos fueron a diferentes países andinos para sus vacaciones. Di adónde fueron.

1. Daniel: Cuzco, la capital del imperio inca

   <u>Daniel fue a Cuzco, la capital del imperio inca.</u>

2. nosotros: Lago Titicaca, el lago navegable más alto del mundo

   <u>Nosotros fuimos a Lago Titicaca, el lago navegable más alto del mundo.</u>

3. yo: la reserva biológica Canaima, la tercera más grande del mundo

   <u>Yo fui a la reserva biológica Canaima, la tercera más grande del mundo.</u>

4. Gabriel y Ángela: Museo de Oro, donde hay objetos de arte de todo tipo

   <u>Gabriel y Ángela fueron al Museo de Oro, donde hay objetos de arte de todo tipo.</u>

5. tú: la Cordillera de los Andes, que pasa por todos los países andinos

   <u>Tú fuiste a la Cordillera de los Andes, que pasa por todos los países andinos.</u>

PRELIMINAR

CUADERNO Más práctica

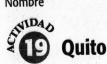

19 Quito

Érica y su esposo Javier fueron a Ecuador por primera vez hace unos meses. Ella le escribe una carta a su mamá describiendo sus vacaciones. Completa la carta con el pretérito de los verbos entre paréntesis.

Querida mamá:

Quito es una ciudad increíble. Javier y yo ___anduvimos___ (andar) por toda la ciudad. Él me ___dijo___ (decir) que le encantaba Quito. Un día nosotros ___estuvimos___ (estar) en el centro colonial de Quito por cuatro o cinco horas. Al día siguiente, ___hicimos___ (hacer) una excursión a la Mitad del Mundo. ___Fuimos___ (ir) en autobús. ___Nos pusimos___ (ponerse) unos suéteres porque hacía un poco de frío. ___Quisimos___ (querer) quedarnos más tiempo para ya salía el autobús. Ese día ___supe___ (saber) por qué dicen que Ecuador es un país hermoso. Cuando vengas a visitar, ¡vas a ver que ___trajimos___ (traer) muchos recuerdos bonitos de ese país tan maravilloso!

Con mucho cariño, tu hija Érica

20 Perú

Imagínate que fuiste a Perú. Contesta las preguntas a continuación sobre tu viaje a Perú. Si necesitas hacer más investigaciones en la biblioteca o por Internet para poder contestar las preguntas, hazlas. **Answers will vary.**

1. ¿Adónde fuiste? _____

2. ¿Qué hiciste? _____

3. ¿Dónde estuviste? _____

4. ¿Qué pudiste ver? _____

5. ¿Que clase de ropa te pusiste? _____

6. ¿Qué quisiste? _____

GRAMÁTICA: PRESENT TENSE OF REGULAR VERBS

ACTIVIDAD 1 Nuestra cultura

Conjuga el verbo en el presente de indicativo para completar las oraciones.

1. Los latinos en Estados Unidos (hablar) español a diario. _hablan_

2. La tienda latina (vender) productos tropicales. _vende_

3. Yo (leer) revistas en español. _leo_

4. En casa nosotros (comer) comida latina con frecuencia. _comemos_

5. Mi abuela (escuchar) novelas en la emisora latina. _escucha_

6. Mi amigo Esteban (trabajar) en una tienda deportiva. _trabaja_

7. Mis amigos (comprar) discos compactos de cantantes latinos. _compran_

8. Muchas ciudades (celebrar) fiestas latinas. _celebran_

ACTIVIDAD 2 Cultura ilustrada

Escribe un párrafo de por lo menos seis oraciones completas con el presente del indicativo. Puedes basarte en la ilustración o en tus experiencias.

_____

_____

_____

_____

_____

_____

PRELIMINAR

CUADERNO
Para hispanohablantes

GRAMÁTICA: IRREGULAR *YO* FORMS

ACTIVIDAD 3 Mi mundo

Completa las oraciones con los verbos entre paréntesis.

1. Por la mañana (oír) el pronóstico del tiempo. *oigo* _____

2. Para el desayuno le (pedir) a mi mamá tostadas, leche y cereal. *pido* _____

3. Después de ducharme (salir) para la escuela. *salgo* _____

4. En mis clases (explicar) sobre lo que la maestra explica. *explica* _____

5. Por la tarde (volver) a mi casa. *vuelvo* _____

6. Cuando llego (merendar) y descanso un rato. *meriendo* _____

7. Luego, (hacer) la tarea para mañana. *hago* _____

8. Después de hacer la tarea, (encontrar) un lugar cómodo para descansar. _____

encuentro _____

ACTIVIDAD 4 ¡Sueños!

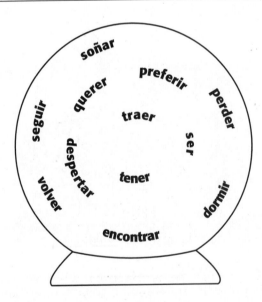

Completa la historia usando los verbos que aparecen en la bola de cristal

Yo **1.** ____*sueño*____ con ir a París un día y allí **2.** ____*quiero*____ comprarme ropa bonita de moda. Si **3.** ____*encuentro*____ algo muy especial se lo **4.** ____*traigo*____ a mi abuelita. Ella **5.** ____*tiene*____ muchas cosas, pero lo mío será muy especial. **6.** ____*quiero*____ viajar en primera clase, pero el dinero... bueno **7.** ____*sigo*____ soñando. **8.** ____*Vuelvo*____ a casa lleno de ilusiones. Cuando me **9.** ____*duermo*____ no **10.** ____*pierdo*____ la oportunidad para soñar. Cuando **11.** ____*despierto*____ me doy cuenta de que estaba soñando. ¡Así **12.** ____*es*____ la vida!

ACTIVIDAD 5 ¡Una entrevista interesante!

Imagínate que eres muy famoso y te entrevistan en un programa de televisión. Contesta las preguntas que te hace el animador del programa con oraciones completas.

Animador: Buenas tardes, tus admiradores quieren saber qué haces por las mañanas.

Tú: _____

Animador: ¿Cuántos idiomas sabes?

Tú: _____

Animador: ¿Qué tipo de ropa te pones?

Tú: _____

Animador: ¿Cómo empiezas la tarde?

Tú: _____

Animador: ¿Ves mucha televisión?

Tú: _____

ACTIVIDAD 6 Tu semana en una cápsula

Dile a un amigo o amiga lo que haces durante la semana. Cambia el verbo entre paréntesis a la forma apropiada.

1. El domingo (ir) a la iglesia. voy
2. El lunes (dar) clases de violín. doy
3. El martes (traer) los libros de la biblioteca. traigo
4. El miércoles (poner) mi cuarto en orden. pongo
5. El jueves (hacer) ejercicios en el gimnasio. hago
6. El viernes (caer) por casa de mis amigos. caigo
7. El sábado (jugar) al tenis. juego

PRELIMINAR

CUADERNO
Para hispanohablantes

GRAMÁTICA: PRETERITE OF REGULAR VERBS

ACTIVIDAD 7 Listos, preparados...

Tienes cinco minutos—escribe todas las formas del pretérito de los verbos a continuación.

1. comer ___comí___, ___comiste___, ___comió___, ___comimos___, ___comieron___

2. estudiar ___estudié___, ___estudiaste___, ___estudió___, ___estudiamos___, ___estudiaron___

3. escribir ___escribí___, ___escribiste___, ___escribió___, ___escribimos___, ___escribieron___

4. viajar ___viajé___, ___viajaste___, ___viajó___, ___viajamos___, ___viajaron___

5. leer ___leí___, ___leíste___, ___leyó___, ___leímos___, ___leyeron___

ACTIVIDAD 8 Sopa de verbos en pretérito

Busca los siguientes verbos en la sopa de verbos. Fíjate en las conjugaciones.

tomar	1a. persona singular	alquilar	3a. persona plural
lavar	1a. persona plural	vivir	2a. persona plural
acudir	3a. persona singular	creer	1a. persona singular
deber	2a. persona singular	suprimir	1a. persona plural

```
P  I  S  O  M  A  V  A  L  O  A
I  A  G  R  A  O  E  N  I  S  D
D  N  L  O  T  V  N  O  U  A  O
E  O  S  Q  R  I  E  P  A  R  I
B  D  I  A  U  V  R  A  D  I  D
I  A  N  T  I  I  A  R  F  O  U
S  L  O  A  M  S  L  T  E  H  C
T  M  N  I  A  T  R  A  L  E  A
E  I  M  P  T  E  N  O  R  S  I
R  O  F  E  A  I  E  R  C  O  P
S  I  G  I  N  S  Y  O  V  O  N
```

¡En español! Level 3

GRAMÁTICA: PRETERITE SPELLING CHANGES

ACTIVIDAD 9 Informe sobre el Cono Sur

Imagínate que hiciste un viaje por el Cono Sur el verano pasado. Completa las oraciones a continuación. ¡Ojo! Utiliza la forma del pretérito de la primera persona.

1. (Investigar) _____Investigué_____ mucho sobre el tema cultural del Cono sur.

2. (Sacar) _____Saqué_____ muchas fotos de mi viaje al Cono sur.

3. (Comenzar) _____Comencé_____ a estudiar la cultura de los gauchos en Argentina.

4. (Analizar) _____Analicé_____ la victoria de los conquistadores.

5. (Llegar) _____Llegué_____ a lugares muy interesantes.

6. (Cruzar) _____Crucé_____ los Andes durante el viaje.

7. (Tocar) _____Toqué_____ temas muy curiosos sobre la vida de los indios.

8. El último día lo (dedicar) _____dediqué_____ a mis amigos.

ACTIVIDAD 10 Un viaje por el Cono Sur

Imagínate que hiciste un viaje por el Cono Sur. Contesta las preguntas con oraciones completas. **Answers will vary.**

1. ¿A qué país llegaste primero? _____

_____

2. ¿Dónde practicaste natación? _____

_____

3. ¿Qué jugaste en Uruguay? _____

_____

4. ¿Qué investigaste en Argentina? _____

_____

5. ¿Cuánto pagaste por el viaje al Cono Sur? _____

_____

PRELIMINAR

CUADERNO Para hispanohablantes

ACTIVIDAD 11 Ensalada de verbos

Describe la ensalada que hiciste. Utiliza el pretérito de los verbos del banco de palabras.

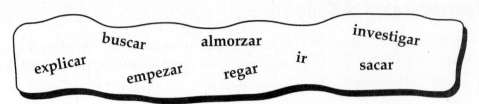

buscar   almorzar   investigar

explicar   empezar   regar   ir   sacar

Primero sembré lechugas y tomates. ___Regué___ las plantas hasta que crecieron. ___Investigué___ mucho sobre mis plantas. ___Busqué___ lo mejor de la cosecha para mi ensalada. ___Saqué___ las lechugas de la tierra y corté los tomates. Le ___expliqué___ a mi familia cómo iba a hacer mi ensalada. ___Empecé___ a preparar todo en un tazón grande. Después de que ___llegué___ una buena comida, terminé mi ensalada, la guardé en el refrigerador y ___fui___ hasta el centro a conversar con mis amigas.

ACTIVIDAD 12 Cambio de tiempo

Cambia el verbo al pretérito.

1. Pago la cuenta enseguida. ___Pagué___
2. Almuerzo a las doce del día. ___Almorcé___
3. Busco la pelota que se perdió ___Busqué___
4. Juego un partido de baloncesto en el club. ___Jugué___
5. Llego a tiempo a mis clases. ___Llegué___
6. Comienzo temprano la práctica. ___Comencé___
7. Al dormir, apago la luz. ___apagué___
8. Toco el piano en la fiesta. ___Toqué___

GRAMÁTICA: PRETERITE STEM CHANGERS

ACTIVIDAD 13 Desechar lo incorrecto

Haz un círculo alrededor del el verbo correcto que mejor completa la oración.

1. Hice/(Comencé) a hacer la tarea a tiempo.

2. Nació/(Murió) el abuelito de un amigo.

3. Se (durmieron)/levantaron temprano anoche.

4. (Sirvieron)/Abandonaron al ejército de su país.

5. Se (divirtieron)/comieron mucho en la fiesta.

6. Margarita (pidió)/trabajó dos aspirinas.

7. Los estudiantes se fueron/(discutieron) por el mejor asiento.

8. Los políticos durmieron/(hicieron) muchas promesas.

ACTIVIDAD 14 Completar la idea

Cambia el verbo entre paréntesis al pretérito. Fíjate en el sujeto de cada oración.

1. (sugerir) El profesor _____sugirió_____ un buen libro.

2. (vestirse) Todas las chicas del Club _____se vistieron_____ iguales.

3. (despedirse) Los hijos _____se despidieron_____ de los padres.

4. (preferir) Los amigos _____prefirieron_____ caminar hasta el cine.

5. (pintar) Los jugadores _____pintaron_____ los uniformes para comenzar la temporada.

6. Ellos (repetir) _____repitieron_____ las tables de multiplicar.

7. (impedir) Los policías _____ayudaron_____ a la señora.

8. (sentir) Los familiares _____comieron_____ juntos después de la fiesta.

¡En español! Level 3

Preliminar, URB CUADERNO **Para hispanohablantes**
CUADERNO **Para hispanohablantes, p. 7**

25

PRELIMINAR

CUADERNO
Para hispanohablantes

ACTIVIDAD 15 Un toque de literatura

Usa el pretérito de los verbos que aparecen en el círculo.

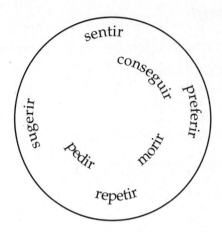

sentir
conseguir
preferir
sugerir
morir
pedir
repetir

1. Gabriel García Márquez _____sintió_____ emoción al recibir el Premio Nobel de literatura en 1982.

2. José Martí _____murió_____ en la guerra de independencia cubana en 1895.

3. Jorge Luis Borges se _____divirtió_____ mucho al leer los libros de caballería.

4. Ana María Matute _____prefirió_____ escribir literatura infantil, aunque escribió también para mayores.

5. El Inca Garcilaso de la Vega _____pidió_____ más libertad para los indios.

6. Camilo José Cela _____consiguió_____ más fama después del Premio Nobel de literatura.

ACTIVIDAD 16 Raíces que cambian

Cambia el tiempo del verbo al pretérito en las siguientes preguntas.

1. ¿Qué sugieren los maestros? _sugirieron_____

2. ¿Cómo se divierte la gente? _divirtió_____

3. ¿Cuándo pide aumento de sueldo? _pidió_____

4. ¿Dónde duermen los visitantes? _durmieron_____

5. ¿Cómo se viste la actriz? _vistió_____

6. ¿Cómo se despiden los españoles? _despidieron_____

7. ¿Qué siente el atleta? _sintió_____

GRAMÁTICA: IRREGULAR PRETERITES ꙮꙮꙮꙮꙮꙮꙮꙮꙮꙮ

ACTIVIDAD 17 Verbos en la historia

Escribe la forma del pretérito de los verbos entre paréntesis.

1. En el Caribe, la cultura taína (producir) artesanía. _produjo_____

2. La Habana se fundó en 1514 y se (leer) proclamas ante los reyes españoles.

   _leyeron_____

3. Juan Ponce de León (llegar) a la isla de Puerto Rico en 1508. _llegó____

4. Cristóbal Colón (influir) poco en el Caribe después de 1492. _influyó____

5. Diego Colón (construir) un castillo en lo que es hoy la República Dominicana.

   _construyó_____

6. Muchos hispanohablantes (contribuir) al crecimiento cultural de Estados Unidos en el Siglo XIX. _contribuyeron_____

7. Los ingleses (traer) su cultura a las colonias de Nueva Inglaterra. _trajeron____

8. Los conquistadores (destruir) grandes culturas en México. _destruyeron____

ACTIVIDAD 18 Datos curiosos

Identifica el verbo principal. Luego, escribe la oración con el verbo en pretérito.

1. El gran terremoto de San Francisco occure en 1906.

   El gran terremoto de San Francisco _ocurrió_ en 1906.

2. Pablo Picasso pinta los horrores de la guerra con su cuadro Guernica en 1937.

   Pablo Picasso _pintó_ los horrores de la guerra con su cuadro Guernica en 1937.

3. *El Ingenioso Hidalgo Don Quijote de la Mancha*, publicado en 1605, hace famoso a Cervantes.

   El Ingenioso Hidalgo Don Quijote de la Mancha, publicado en 1605, _hizo_ famoso

   a Cervantes.

4. Diego Rivera le da prestigio a México con sus murales.

   Diego Rivera le _dio_ prestigio a México con sus murales.

5. Veo una película interesante todos los días.

   _Vi_ una película interesante todos los días.

ACTIVIDAD 19 Vida infantil

Escribe la forma del pretérito de los verbos entre paréntesis.

1. La niña (querer) _____quiso_____ caramelos para su cumpleaños.

2. Los niños (ir) _____fueron_____ al zoológico.

3. El bebé le (hacer) _____hizo_____ una gracia a la madre.

4. La hijita de mi tío me (decir) _____dijo_____ un chiste.

5. Las niñas de primer grado (poder) _____pudieron_____ ganar la competencia.

ACTIVIDAD 20 Una excursión

Usa el pretérito para los siguientes verbos. Luego coloca cada uno en la oración.

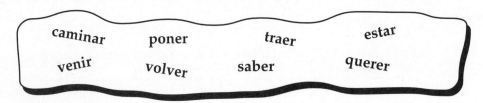

caminar   poner   traer   estar
venir   volver   saber   querer

1. _____Caminamos_____ toda la mañana hasta llegar al lugar más bonito.

2. Mis padres _____trajeron_____ todo lo que necesitábamos.

3. Mi hermana _____puso_____ todo en su lugar.

4. Mi padre _____supo_____ cómo hacer una fogata sin peligro.

5. _____Estuvimos_____ muy contentos durante todo el día.

ACTIVIDAD 21 En la escuela

Cambia al pretérito el verbo subrayado.

1. Le digo _____dije_____ a mi maestra que hago _____hice_____ la tarea.

2. Mis amigos quieren _____quisieron_____ jugar en el equipo de fútbol.

3. Pongo _____Puse_____ mis libros en orden.

4. Mantengo _____Mantuve_____ un promedio de B+ en mis clases.

5. El director nos da _____dio_____ una charla sobre las drogas.

1 ¿Qué hicieron ayer?

_____

_____

Ayer yo también

_____

_____

_____

¿Qué hizo Carmen Dávila ayer?

_____

_____

_____

¿Qué hizo Alfredo Romero ayer?

Pregúntale a tu compañero(a) qué hicieron Alfredo Romero y Carmen Dávila ayer.

Estudiante A

Estudiante B

Dile a tu compañero(a) lo que hicieron Alfredo Romero y Carmen Dávila ayer. Después pregúntale a tu compañero(a) si él (o ella) hizo algunas de las mismas actividades ayer.

Alfredo Romero

Carmen Dávila

2 Las vacaciones

_____

_____

_____

_____

¿Qué hicieron tu compañero(a) y sus amigos en las vacaciones?

  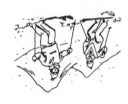 

Usa los dibujos para preguntarle a tu compañero(a) lo que hicieron él (ella) y sus amigos durante sus vacaciones. Después, contesta las preguntas de tu compañero(a) sobre lo que hicieron tú y tus amigos durante sus vacaciones.

Estudiante A

Estudiante B

Contesta las preguntas de tu compañero(a) sobre lo que hiciste tú durante las vacaciones. Después, usa los dibujos para preguntarle a él (ella) lo que hizo durante sus vacaciones, y con quiénes lo hizo.

¿Qué hicieron tu compañero(a) y sus amigos en las vacaciones?

_____

_____

_____

_____

Etapa preliminar

Information Gap Activities

3 Hoy por la mañana

_____
_____

Esta mañana, mi compañero y yo también...

_____
_____

¿Qué hizo Pablo hoy por la mañana?

que hizo Margarita.

Pregúntale a tu compañero(a) qué hizo Pablo hoy por la mañana y contesta sus preguntas sobre lo

Estudiante A

Estudiante B

Dile a tu compañero(a) lo que hizo Pablo hoy por la mañana y pregúntale a él (ella) qué hizo Margarita hoy por la mañana. Después, haz una lista de lo que hicieron tú y tu compañero esta mañana.

¿Qué hizo Margarita hoy por la mañana?

_____
_____
_____

Mi compañero y yo también...

_____
_____
_____

4 Un domingo en familia

_____

_____

_____

_____

¿Qué hicieron tu compañero(a) y sus familiares el domingo pasado?

mi papá y
mi hermanita

mamá

mi hermanito

yo

compañero(a) lo que hicieron los tuyos.

Pregúntale a tu compañero(a) qué hicieron sus familiares el domingo pasado. Después, dile a tu

Estudiante A

Estudiante B

Dile a tu compañero(a) lo que hicieron tus familiares el domingo pasado. Después, pregúntale a tu compañero(a) lo que hicieron los suyos.

yo

mi mamá y
mi abuela

mi abuelo

mi papá

¿Qué hicieron tu compañero(a) y sus familiares el domingo pasado?

_____

_____

_____

_____

Etapa preliminar

Information Gap Activities

RUTINAS ⟨⟩

Interview a family member and ask him or her to say which of the following activities he or she does everyday.

- First explain what the assignment is.
- Then ask him or her the question below.
  ¿Qué haces cada día?
- Don't forget to model the pronunciation of the words used so that he or she feels comfortable saying them in Spanish. Point to the name of each activity as you say the words. You might need to help him or her conjugate the verbs in Spanish!
- After you get the answer, complete the sentence at the bottom of the page.

leer revistas

hablar por telefóno

escribir correo electrónico

conducir al trabajo

Yo _____.

Etapa preliminar

Family Involvement

¿QUÉ HICISTE? ◎◎◎◎◎◎◎◎◎◎◎◎◎◎◎◎◎◎◎◎◎◎◎◎◎◎◎◎◎

Interview a family member and ask him or her to say which of these he or she did during his or her most recent vacation.

- First explain what the assignment is.
- Then ask him or her the question below.

  ¿Qué hiciste durante las vacaciones?

- Don't forget to model the pronunciation of the various things that he or she might have done so that he or she feels comfortable saying them in Spanish. Point to the name of each activity as you say the words.
- After you get the answer, complete the sentence at the bottom of the page.

descansé en mi casa

corrí en el parque todos los días

fui a la playa

vi muchas películas

Durante las vacaciones, yo _____.

En acción, Pupil's Edition
Level 3 pages 12, 25
Disc 1 Track 1

Actividad 7 ¡Pobre Adriana!

Adriana está contando lo que le pasó ayer.
Escúchala y escribe oraciones para describir
su día.

Adriana: Ayer tuve un día horrible.
Primero, no sonó el
despertador así que me
desperté muy tarde. No
planché la ropa la noche
anterior como de costumbre
así que me tuve que poner
ropa arrugada. Salí de casa
como loca. Después de las
clases, trabajé dos horas en la
tienda de mi tío. Porque tenía
prisa, perdí la tarea. Regresé a
casa tan cansada que no cené.
Cuando revisé la mochila, vi
que no tenía el libro, así que
no estudié para el examen de
hoy. Me acosté temprano.
Espero que hoy vaya mejor,
después de comprar el café.

Disc 1 Track 2

Actividad 19 Irma y Javier

Irma y Javier fueron al centro comercial.
Escucha su conversación y luego completa las
siguientes oraciones con el pretérito del verbo
correcto.

Irma: Anduve por todo el centro
comercial buscándote.
¿Adónde fuiste?

Javier: Estuve en la tienda de música
un rato y entonces fui a la
tienda de deportes.

Irma: Nos pusimos de acuerdo,
¿no te acuerdas? Íbamos a
encontrarnos a las doce en
la cafetería.

Javier: ¡Perdona! Se me olvidó.
¿Hiciste las compras que
querías hacer?

Irma: Sí. Pude encontrar todo lo
que tenía en la lista.

Javier: Yo tuve que ir al banco. Se
me acabó todo el dinero.

Irma: ¿No trajiste tu tarjeta de
crédito?

Javier: No, no la traje.

Irma: ¿Sabes a quién vi?

Javier: No, ¿a quién?

Irma: A tus amigos Marín y Lupita.

Javier: ¿Ah, sí? ¿Qué hacían?

Irma: Dijeron que vinieron a
comprar una computadora.

Javier: ¿De veras? Qué bueno.
Necesitan una nueva.

Diagnostic Placement Test
page 1

A. Escucha lo que dice Alejandra Soto del día que va a pasar en el centro y después indica cuál de las respuestas completa mejor las oraciones. Strategy: Remember to organize the details of what Alejandra tells you and concentrate on the differences among the people she mentions.

Alejandra Soto: Hoy tengo ganas de ir al centro. Hace muchos días que estoy en casa escribiendo un informe para la clase de historia y necesito salir un poco. Me interesa ir a las tiendas porque necesito un chaleco, un vestido y zapatos de tacón. Tengo ganas de comer en un restaurante chino y tal vez ir al cine a ver una película si hay tiempo.

Voy a llamar a mi amiga Rosa María. Ella me dijo que estaría libre hoy, y espero que pueda ir conmigo. Si somos dos, nos divertiremos mucho más. Sé que le encantaría ir conmigo a los almacenes porque le encantan las tiendas. No sé qué ropa necesita ella, pero no dudo que se comprará algo. Seguro que querrá invitar a Luisa Suñer y creo que sería una buena idea. Luisa conoce muchos restaurantes y nos ayudaría a escoger el mejor.

Bueno, voy a ducharme, peinarme, vestirme y llamar a Rosa María. Si nos vemos a las diez en la parada de metro, llegaremos al centro para las diez y media. Y tendremos todo el día para pasarlo bien.

Más práctica
pages 4, 7

Actividad 7 Beto

Beto es puertorriqueño y todavía tiene familia en Puerto Rico. La semana pasada visitó a sus tíos y primos en la isla. Escucha lo que dice de su viaje. Luego, escribe oraciones completas que describan lo que hicieron Beto y su familia.

Beto: La semana pasada visité a mis tíos y mis primos en Puerto Rico. Me divertí muchísimo. Hicimos muchas cosas. El sábado nadamos en la playa y por la noche cenamos en un restaurante fabuloso. El domingo me levanté muy temprano. Corrí dos millas en la playa. Más tarde mis primos y yo patinamos por el parque. Por la noche escuchamos salsa en la radio y bailamos. Mis tíos trabajaron el lunes. Yo me quedé en casa y leí el periódico.

Actividad 13 Enrique

Enrique fue a cenar a casa de su amiga Marta, pero no le fue muy bien. Escucha su descripción de la noche y luego completa las oraciones según su descripción.

1. Mi amiga Marta me sirvió mucha comida.

2. Seguí comiendo hasta que terminé.

3. Me sentí enfermo.

4. Pedí un taxi.

5. Me dormí en el taxi.

6. La verdad es que no me divertí.

Para hispanohablantes
page 3
Disc 1 Track 5

Actividad 5 ¡Una entrevista interesante!

Imagínate que eres muy famoso y te entrevistan en un programa de televisión. Contesta las preguntas que te hace el animador del programa con oraciones completas.

1. Buenas tardes, tus admiradores quieren saber qué haces por las mañanas.

2. ¿Tienes muchos amigos?

3. ¿Sales por las noches?

4. ¿Cuántos idiomas sabes?

5. Te pones ropa muy de moda, ¿verdad?

6. ¿Qué traes en la muñeca?

7. ¿Cómo empiezas la tarde?

8. ¿Ves mucho la televisión?

9. ¿Te caen bien tus compañeros de trabajo?

10. Oye, gracias por la entrevista.

Etapa Exam Forms A & B
pages 40 and 45

Disc 19 Track 2

A. Nieves Cortázar habla de la cultura hispana. Escucha lo que dice y después indica cuál de las posibilidades completa mejor estas oraciones. Strategy: Remember to listen carefully as you think about the vocabulary you have learned to talk about Hispanic culture in the United States. Read through the questions so that you will know what to listen for.

Examen para hispanohablantes
page 50
Disc 19 Track 2

A. Nieves Cortázar habla de la cultura hispana. Escucha lo que dice y después indica cuál de las posibilidades completa mejor estas oraciones. Strategy: Remember to listen carefully as you think about the vocabulary you have learned to talk about Hispanic culture in the United States. Read through the questions so that you will know what to listen for.

Nieves: Me llamo Nieves Cortázar, tengo dieciocho años y vivo en Nueva York. Soy de origen cubano y español. Mis abuelos, mis padres y yo nacimos en Nueva York pero mis bisabuelos, es decir los padres de mis abuelos, nacieron en La Habana y Galicia. Nosotros los hispanohablantes somos un grupo muy diverso. A principios del siglo veinte casi todos los hispanohablantes en Estados Unidos eran de origen español, mexicano o caribeño. Pero ahora hay muchos hispanohablantes que vienen de Colombia, la República Dominicana, El Salvador, Nicaragua, Guatemala, y otros países de Sudamérica y Centroamérica. Claro que hay muchos mexicanos en todas partes de Estados Unidos también. Mis amigos Raquel y Matías Hernández son de origen mexicano. La familia Hernández vive en un barrio mexicano-americano bien conocido en San Francisco. Cuando fui a visitarlos el año pasado me llevaron a algunas taquerías y tiendas. ¡Cuánto me gustó el ambiente! Mi amiga Claudia Colón, de origen dominicano, estudió conmigo en el colegio y ahora vive en Filadelfia, pero viene a Nueva York todos los años para celebrar el día de la Independencia de la República Dominicana. Yo voy con ella al desfile cada veintisiete de febrero y nos divertimos mucho. Me encantan los bailes y la música.

¡En español! Level 3

COOPERATIVE QUIZZES

QUIZ 1 Present Tense

Completa las oraciones con el presente de los verbos entre paréntesis.

1. Ellos _____ (alquilar) un video hoy.

2. Él _____ (recibir) cartas todos los días.

3. Nosotros _____ (leer) el periódico.

4. Yo _____ (ponerse) los guantes.

5. Tú _____ (despertarse) muy temprano.

QUIZ 2 Preterite of Stem-changing Verbs

Completa las oraciones con el pretérito de los verbos entre paréntesis.

1. Los chicos _____ (divertirse) mucho.

2. Usted _____ (dormir) durante la hora de siesta.

3. Ricardo _____ (vestirse) rápidamente.

4. Ella _____ (pedir) un refresco.

5. Ustedes _____ (preferir) ir al museo.

Etapa preliminar

Cooperative Quizzes

3 Irregular Preterites

Completa las oraciones con el pretérito de los verbos entre paréntesis.

1. Yo _____ (ir) al bosque.

2. Tú _____ (hacer) las maletas.

3. Nosotros _____ (poner) la mesa.

4. Ustedes _____ (estar) en el museo.

5. Silvia _____ (saber) la noticia.

4 Preterites with Spelling Changes

Completa las oraciones con el pretérito de los verbos entre paréntesis.

1. Yo _____ (empezar) a tener hambre a las doce.

2. Yo _____ (llegar) al restaurante.

3. Yo _____ (almorzar) con mis amigos.

4. Yo _____ (sacar) mi cartera.

5. Yo _____ (pagar) la cuenta.

Etapa preliminar
Cooperative Quizzes

> **Test-taking Strategy:** Remember to take the time to read the directions. Don't guess what you think you should do.

ESCUCHAR ⦿⦿⦿⦿⦿⦿⦿⦿⦿⦿⦿⦿⦿⦿⦿⦿⦿⦿⦿⦿⦿⦿⦿⦿⦿⦿⦿⦿

A. Nieves Cortázar habla de la cultura hispana. Escucha lo que dice y después indica cuál de las posibilidades completa mejor estas oraciones. **Strategy: Remember to listen carefully as you think about the vocabulary you have learned to talk about Hispanic culture in the United States. Read through the questions so that you will know what to listen for.** (10 puntos)

1. Nieves Cortázar _____.

   a. nació en La Habana

   b. estudió en Galicia

   c. vive con sus bisabuelos en Nueva York

   d. es de origen español y cubano

2. Muchos hispanohablantes en Estados Unidos _____.

   a. son de diversos países latinoamericanos

   b. vuelven a Latinoamérica

   c. son de origen inglés

   d. llegaron a principios del siglo

3. Raquel y Matías Hernández _____.

   a. viven en un barrio cubano-americano

   b. son dueños de una taquería

   c. viven en San Francisco

   d. son de descendencia colombiana

4. Claudia Colón _____.

   a. es amiga de Raquel Hernández

   b. celebra el día de la Independencia de Estados Unidos

   c. es de origen dominicano

   d. vive en Nueva York ahora

5. Nieves y Claudia _____.

   a. toman el tren a Filadelfia

   b. asistieron al mismo colegio

   c. estudian baile

   d. siempre se ven el diecisiete de febrero

LECTURA Y CULTURA @@@@@@@@@@@@@@@@@@@@@@@@@@@@

Lee lo que dice Lorenzo Aguilar de su viaje a México y a Costa Rica. **Strategy: Remember what you have learned about Mexico and Central America.**

Me llamo Lorenzo Aguilar, vivo en Madrid y me gradué de la universidad el año pasado. Como regalo de graduación, mis padres me pagaron un viaje a México y Costa Rica. Los padres de mi mejor amigo, Bernardo, también le pagaron el viaje, así que pudimos ir juntos. Tomamos el avión para México el primero de junio. Fuimos primero a la Ciudad de México. Allí visitamos el Museo Nacional de Antropología donde vimos muchas cosas impresionantes. El calendario azteca, llamado la Piedra del Sol, es una maravilla. Aprendí que la influencia azteca en la cultura mexicana es muy grande. Salimos de la ciudad para ver las magníficas pirámides de San Juan de Teotihuacán. Después de ocho días tomamos el avión a Costa Rica donde fuimos a hacer ecoturismo. Bernardo y yo visitamos unos parques y reservas nacionales donde la naturaleza y el paisaje eran hermosísimos. Y vimos animales que sólo habíamos visto en el parque zoológico de Madrid. Esperaba ver un jaguar pero no apareció ninguno. ¡Nunca nos olvidaremos del viaje que hicimos!

B. ¿Comprendiste? Lee las siguientes oraciones y marca con un círculo alrededor de la **C** si la oración es cierta o la **F** si es falsa. (10 puntos)

C F **1.** El viaje de Lorenzo y Bernardo fue un regalo de sus padres.

C F **2.** A los chicos les gustó mucho el arte precolombino.

C F **3.** Lorenzo y Bernardo visitaron las pirámides.

C F **4.** Bernardo y Lorenzo visitaron unos parques y reservas costarricenses.

C F **5.** Bernardo se alegró de ver un jaguar.

C. ¿Qué piensas? Contesta las siguientes preguntas. (10 puntos)

1. ¿Qué te parece el regalo que los padres de Lorenzo y Bernardo les dieron a sus hijos? _____

_____

2. Si tus padres te regalan un viaje para tu graduación, ¿adónde quieres ir?

_____

_____

Etapa preliminar
Exam Form A

VOCABULARIO Y GRAMÁTICA ⟳⟳⟳⟳⟳⟳⟳⟳⟳⟳⟳⟳⟳⟳⟳⟳⟳⟳⟳⟳⟳

D. Mira las ilustraciones y completa las oraciones. Escribe lo que las personas hicieron. **Strategy: Remember the vocabulary you learned to talk about past activities.** (10 puntos)

Patricia y Ellen

Nicolás

Rosa y Tomás

Chelo

los amigos

1. Patricia y Ellen _____ con sus amigos el viernes.

2. Nicolás _____ la mesa anoche.

3. Rosa y Tomás _____ por el parque.

4. Chelo _____ para ir al teatro.

5. Los amigos _____ mucho en la fiesta.

E. Completa las oraciones con el presente de los verbos en paréntesis. (10 puntos)

1. Nosotros _____ (nadar) en la playa mientras ustedes _____ (correr) en el parque.

2. Mi mamá _____ (poner) la mesa y toda la familia _____ (sentarse) para comer.

3. Yo _____ (volver) a casa a las diez, pero mis hijos _____ (acostarse) a las nueve.

4. Todos los días cuando (yo) _____ (salir) para la oficina, mi hijita de tres años _____ (insistir) en venir conmigo.

5. Tú _____ (vivir) muy cerca de tus amigos, así que ustedes _____ (ayudarse) con la tarea.

F. Completa las oraciones con el pretérito de los verbos en paréntesis. (10 puntos)

1. Cuando ustedes _____ (despedirse) de sus amigos, yo les

_____ (sacar) fotos.

2. Nosotros _____ (ir) a Buenos Aires, pero Miguel no _____
(venir) con nosotros.

3. Tú también _____ (estar) de vacaciones ese día, así que todos

_____ (dormir) hasta las diez de la mañana.

4. Yo _____ (pagar) la cuenta, pero no _____ (saber) si
estaba correcta.

5. Ustedes _____ (vestirse) muy temprano, pero ¿por qué no

_____ (querer) dormir más tarde?

G. Escribe oraciones usando el pretérito. (10 puntos)

1. enviar / mi amigo / una cartas

_____

2. jugar / nosotros / tenis

_____

3. poner / ella / discos compactos

_____

4. hacer / ustedes / un viaje

_____

5. traer / tú / regalos

_____

ESCRITURA 🌀🌀🌀🌀🌀🌀🌀🌀🌀🌀🌀🌀🌀🌀🌀🌀🌀🌀🌀🌀🌀🌀🌀🌀

H. Escribe un párrafo en una hoje aparte, describiendo lo que tú y tus amigos hacen todos los días. **Strategy: Remember to use the table below to help you organize your thoughts about your daily routine.** (15 puntos)

Actividad	A qué hora
despertarse	
vestirse	
almorzar	
jugar al tenis	
acostarse	

Writing Criteria	Scale	Writing Criteria	Scale	Writing Criteria	Scale
Vocabulary Usage	1 2 3 4 5	Accuracy	1 2 3 4 5	Organization	1 2 3 4 5

HABLAR 🌀🌀🌀🌀🌀🌀🌀🌀🌀🌀🌀🌀🌀🌀🌀🌀🌀🌀🌀🌀🌀🌀🌀🌀🌀

I. Contesta las preguntas sobre lo que hiciste cuando fuiste de viaje. **Strategy: Remember to think about the things you did on your last trip.** (15 puntos)

1. ¿Qué hiciste?

2. ¿Qué fuiste a ver?

3. ¿Cómo te divertiste?

4. ¿Qué ciudades, museos, lugares históricos y playas conociste ?

5. ¿A qué hora saliste del hotel/volviste al hotel?

Speaking Criteria	Scale	Speaking Criteria	Scale	Speaking Criteria	Scale
Vocabulary Usage	1 2 3 4 5	Accuracy	1 2 3 4 5	Organization	1 2 3 4 5

> **Test-taking Strategy:** Remember to take the time to read the directions. Don't guess what you think you should do.

ESCUCHAR 〰〰〰〰〰〰〰〰〰〰〰〰〰〰〰〰〰〰〰〰〰

A. Nieves Cortázar habla de la cultura hispana. Escucha lo que dice y después indica cuál de las posibilidades completa mejor estas oraciones. **Strategy: Remember to listen carefully as you think about the vocabulary you have learned to talk about Hispanic culture in the United States. Read through the questions so that you will know what to listen for.** (10 puntos)

1. Nieves Cortázar _____.

   a. es de origen español y cubano

   b. vive con sus bisabuelos en Nueva York

   c. estudió en Galicia

   d. nació en La Habana

2. Muchos hispanohablantes en Estados Unidos _____.

   a. llegaron a principios del siglo

   b. son de origen inglés

   c. vuelven a Latinoamérica

   d. son de diversos países latinoamericanos

3. Raquel y Matías Hernández _____.

   a. son de descendencia colombiana

   b. viven en San Francisco

   c. son dueños de una taquería

   d. viven en un barrio cubano-americano

4. Claudia Colón _____.

   a. vive en Nueva York ahora

   b. es de origen dominicano

   c. celebra el día de la Independencia de Estados Unidos

   d. es amiga de Raquel Hernández

5. Nieves y Claudia _____.

   a. siempre se ven el diecisiete de febrero

   b. estudian baile

   c. asistieron al mismo colegio

   d. toman el tren a Filadelfia

Etapa preliminar

Exam Form B

LECTURA Y CULTURA ⊚⊚⊚⊚⊚⊚⊚⊚⊚⊚⊚⊚⊚⊚⊚⊚⊚⊚⊚⊚⊚⊚

Lee lo que dice Hugo Quiroga de su viaje a México y Centroamérica. **Strategy: Remember what you have learned about Mexico and Central America.**

Me llamo Hugo Quiroga, vivo en Madrid y me gradué de la universidad el año pasado. Como regalo de graduación mis padres, me pagaron un viaje a México y Costa Rica. Los padres de mi mejor amigo, Vicente, también le pagaron el viaje, así que pudimos ir juntos. Tomamos el avión para México el primero de junio. Fuimos primero a la Ciudad de México. Allí visitamos el Museo Nacional de Antropología donde vimos cosas impresionantes. El calendario azteca, llamado la Piedra del Sol, es una maravilla. Aprendí que la influencia azteca en la cultura mexicana es muy grande. Salimos de la ciudad para ver las magníficas pirámides de San Juan de Teotihuacán. Después de ocho días tomamos el avión a Costa Rica donde íbamos a hacer ecoturismo. Vicente y yo visitamos unos parques y reservas nacionales donde la naturaleza y el paisaje eran hermosísimos. Y vimos animales que sólo habíamos visto en el parque zoológico de Madrid. Esperaba ver un jaguar pero no apareció ninguno. ¡Nunca nos olvidaremos del viaje que hicimos!

B. ¿Comprendiste? Lee las siguientes oraciones y traza un círculo alrededor de la **C** si la oración es cierta o la **F** si es falsa. (10 puntos)

C F   **1.** El viaje de Hugo y Vicente fue un regalo de sus padres.

C F   **2.** A los chicos no les gustó mucho el arte precolombino.

C F   **3.** Hugo y Vicente fueron a las pirámides.

C F   **4.** Hugo y Vicente visitaron unos parques y reservas madrileños.

C F   **5.** Hugo se alegró de ver un jaguar.

C. ¿Qué piensas? Contesta las siguientes preguntas. (10 puntos)

1. ¿Qué te parece el regalo que los padres de Hugo y Vicente les dieron a sus hijos?

_____

_____

2. Si tus padres te regalan un viaje para tu graduación, ¿adónde quieres ir?

_____

_____

VOCABULARIO Y GRAMÁTICA ⦿⦿⦿⦿⦿⦿⦿⦿⦿⦿⦿⦿⦿⦿⦿⦿⦿⦿

D. Mira las ilustraciones y completa las oraciones. Escribe lo que las personas hicieron.
Strategy: Remember the vocabulary you learned to talk about past activities.
(10 puntos)

| Patricia y Ellen | Nicolás | Rosa y Tomás | Chelo | los amigos |

1. Los chicos _____ mucho en la fiesta.

2. Rosa y Tomás _____ por el parque.

3. Nicolás _____ la mesa anoche.

4. Patricia y Ellen _____ con sus amigos el viernes.

5. Chelo _____ para ir al teatro.

E. Completa las oraciones con el presente de los verbos en paréntesis. (10 puntos)

1. Tú _____ (vivir) muy cerca de tus amigos, así que

   ustedes _____ (ayudarse) con la tarea.

2. Todos los días cuando (yo) _____ (salir) para la oficina,

   mi hijita de tres años _____ (insistir) en venir conmigo.

3 Yo _____ (volver) a casa a las diez, pero mis hijos

   _____ (acostarse) a las nueve.

4. Mi mamá _____ (poner) la mesa y toda la familia

   _____ (sentarse) para comer.

5. Nosotros _____ (nadar) en la playa mientras ustedes

   _____ (correr) en el parque.

F. Completa las oraciones con el pretérito de los verbos en paréntesis. (10 puntos)

1. Tú también _____ (estar) de vacaciones ese día, así que

todos _____ (dormir) hasta las diez de la mañana.

2. Nosotros _____ (ir) a Buenos Aires, pero Miguel no

_____ (venir) con nosotros.

3. Cuando ustedes _____ (despedirse) de sus amigos, yo les

_____ (sacar) fotos.

4. Ustedes _____ (vestirse) muy temprano, pero ¿por qué no

_____ (querer) dormir más tarde?

5. Yo _____ (pagar) la cuenta, pero no

_____ (saber) si estaba correcta.

G. Escribe oraciones usando el pretérito. (10 puntos)

1. jugar / nosotros / tenis

_____

2. hacer / ustedes / un viaje

_____

3. traer / tú / regalos

_____

4. enviar / mi amigo / correo electrónico

_____

5. poner / ella / discos compactos

_____

ESCRITURA ⊚⊚⊚⊚⊚⊚⊚⊚⊚⊚⊚⊚⊚⊚⊚⊚⊚⊚⊚⊚⊚⊚⊚⊚⊚⊚⊚⊚

H. Escribe un párrafo describiendo lo que tú y tus amigos hacen todos los días.
**Strategy: Remember to use the table below to help you organize your thoughts
about your daily routine.** (15 puntos)

Actividad	A qué hora
despertarse	
vestirse	
almorzar	
jugar al tenis	
acostarse	

Writing Criteria	Scale	Writing Criteria	Scale	Writing Criteria	Scale
Vocabulary Usage	1 2 3 4 5	Accuracy	1 2 3 4 5	Organization	1 2 3 4 5

HABLAR ⊚⊚⊚⊚⊚⊚⊚⊚⊚⊚⊚⊚⊚⊚⊚⊚⊚⊚⊚⊚⊚⊚⊚⊚⊚⊚⊚⊚

I. Contesta las preguntas sobre lo que hiciste cuando fuiste de viaje. **Strategy:
Remember to think about the things you did on your last trip.** (15 puntos)

1. ¿Qué hiciste?

2. ¿Qué fuiste a ver?

3. ¿Cómo te divertiste?

4. ¿Qué ciudades, museos, lugares históricos y playas conociste ?

5. ¿A qué hora saliste del hotel/volviste al hotel?

Speaking Criteria	Scale	Speaking Criteria	Scale	Speaking Criteria	Scale
Vocabulary Usage	1 2 3 4 5	Accuracy	1 2 3 4 5	Organization	1 2 3 4 5

Etapa preliminar
Exam Form B

Test-taking Strategy: Remember to take the time to read the directions. Don't guess what you think you should do.

ESCUCHAR 〰〰〰〰〰〰〰〰〰〰〰〰〰〰〰〰〰〰〰〰〰〰〰〰

A. Nieves Cortázar habla de la cultura hispana. Escucha lo que dice y después contesta las preguntas que siguen. **Strategy: Remember to listen carefully as you think about the vocabulary you have learned to talk about Hispanic culture in the United States. Read through the questions so that you will know what to listen for.** (10 puntos)

1. ¿De qué origen es Nieves Cortázar?

_____

_____

2. ¿De dónde eran los hispanohablantes de Estados Unidos a principios del siglo veinte?

_____

_____

3. ¿Dónde vive la familia Hernández?

_____

_____

4. ¿Adónde llevaron los Hernández a Nieves?

_____

_____

5. ¿Para qué viene su amiga Claudia Colón a Nueva York todos los años?

_____

_____

Etapa preliminar

Examen para hispanohablantes

LECTURA Y CULTURA ⊚⊚⊚⊚⊚⊚⊚⊚⊚⊚⊚⊚⊚⊚⊚⊚⊚⊚⊚⊚⊚⊚⊚⊚⊚

Lee lo que dice César Blanco sobre un viaje que hizo su prima a España. **Strategy: Remember what you have learned about Spain.**

Me llamo César Blanco y vivo en Caracas. Después de que mi prima Marisol se graduó de la escuela, recibió algo muy especial por su graduación. Marisol es especialista en historia española. Fuimos a hablar con su hermana Rebeca que es agente de viajes. Rebeca planeó un viaje a España para Marisol. Matilde, la hija de mi tío Pedro y mi tía Felisa, acompañó a Marisol para que no tuviera que viajar sola. Nos despedimos de ellas en el aeropuerto el quince de septiembre. Recibimos tarjetas postales de Madrid, Toledo, Barcelona, Bilbao, Valencia, Granada y Sevilla y en todas nos decían: «¡Lo estamos pasando de mil maravillas!» Yo esperaba leer sus impresiones e incluso algo sobre las ruinas romanas o los grandes monumentos o los cuadros de Velázquez, Goya y el Greco. No, nada de eso. Cuando las vi en el aeropuerto de Caracas a fines de octubre, las chicas nos dijeron muy emocionadas: «¡Lo pasamos de mil maravillas!» Seguimos esperando los detalles.

B. ¿Comprendiste? Lee las siguientes oraciones y haz un círculo alrededor de la **C** si la oración es cierta o la **F** si es falsa. (10 puntos)

C   F   **1.** El viaje de Marisol fue un regalo de graduación.

C   F   **2.** Marisol viajó por España con su prima Rebeca.

C   F   **3.** Marisol escribió en sus postales sus impresiones de la historia y el arte españoles.

C   F   **4.** César leyó mucho en las postales sobre Velázquez, Goya y El Greco.

C   F   **5.** Marisol y Matilde viajaron unas seis semanas en España.

C. ¿Qué piensas? Contesta las siguientes preguntas. (10 puntos)

1. ¿Qué te parece el regalo que Recibió Marisol?

_____

_____

2. Si tus padres te regalan un viaje por tu graduación, ¿adónde quieres ir?

_____

_____

Etapa preliminar

Examen para hispanohablantes

VOCABULARIO Y GRAMÁTICA ⊚⊚⊚⊚⊚⊚⊚⊚⊚⊚⊚⊚⊚⊚⊚⊚⊚

D. Mira las ilustraciones y completa las oraciones. Escribe lo que las personas hicieron.
Strategy: Remember the vocabulary you learned to talk about past activities.
(10 puntos)

| **Pat y María** | **Nicolás** | **Lupe y Tomás** | **Carola** | **los amigos** |

1. Lupe y Tomás _____ por el parque.

2. Los amigos _____ mucho en la fiesta.

3. Pat y María _____ con sus amigos el viernes.

4. Nicolás _____ la mesa anoche.

5. Carola _____ para ir al teatro.

E. Completa las oraciones con el presente de los verbos en paréntesis. (10 puntos)

1. Mi mamá _____ (poner) la mesa y toda la familia

_____ (sentarse) para comer.

2. Yo _____ (volver) a casa a las diez, pero mis hijos

_____ (acostarse) a las nueve.

3. Todos los días cuando (yo) _____ (salir) para la oficina,

mi hijita de tres años _____ (insistir) en venir conmigo.

4. Tú _____ (vivir) muy cerca de tus amigos, así que ustedes

_____ (ayudarse) con la tarea.

5. Nosotros _____ (nadar) en la playa mientras ustedes

_____ (correr) en el parque.

F. Contesta las preguntas en pretérito usando la palabras entre paréntesis. (10 puntos)

1. ¿Se despiden ustedes de sus amigos? (hace cinco minutos)

   _____

2. ¿Dónde sacas fotos? (en Centroamérica)

   _____

3. ¿Van ustedes a Argentina este año? (en agosto)

   _____

4. ¿Cuándo viene Miguel? (a las siete)

   _____

5. ¿Usted tiene que vestirse? (muy temprano)

   _____

G. Escribe oraciones usando el pretérito. (10 puntos)

1. jugar / nosotros / tenis

   _____

2. enviar / mi amigo / correo electrónico

   _____

3. poner / ella / discos compactos

   _____

4. hacer / ustedes / un viaje

   _____

5. traer / tú / regalos

   _____

ESCRITURA ⊚⊚⊚⊚⊚⊚⊚⊚⊚⊚⊚⊚⊚⊚⊚⊚⊚⊚⊚⊚⊚⊚

H. Escribe un párrafo en una hoje apartes, describiendo lo que tú y tus amigos hacen todos los días. **Strategy: Remember to use the table below to help you organize your thoughts about your daily routine.** (15 puntos)

Actividad	A qué hora
despertarse	
vestirse	
almorzar	
jugar al tenis	
acostarse	

Writing Criteria	Scale		Writing Criteria	Scale		Writing Criteria	Scale
Vocabulary Usage	1 2 3 4 5		Accuracy	1 2 3 4 5		Organization	1 2 3 4 5

HABLAR ⊚⊚⊚⊚⊚⊚⊚⊚⊚⊚⊚⊚⊚⊚⊚⊚⊚⊚⊚⊚⊚⊚⊚⊚

I. Contesta las preguntas sobre lo que hiciste la última vez que fuiste de viaje.
Strategy: Remember to think about the things you did on your trip. (15 puntos)

1. ¿Qué hiciste?

2. ¿Qué fuiste a ver?

3. ¿Cómo te divertiste?

4. ¿Qué ciudades, museos, lugares históricos, playas conociste ?

5. ¿A qué hora saliste del hotel/volviste al hotel?

Speaking Criteria	Scale		Speaking Criteria	Scale		Speaking Criteria	Scale
Vocabulary Usage	1 2 3 4 5		Accuracy	1 2 3 4 5		Organization	1 2 3 4 5

PORTFOLIO ASSESSMENT ⟨⟨⟨⟨⟨⟨⟨⟨⟨⟨⟨⟨⟨⟨⟨⟨⟨⟨⟨

1 Encuesta

Working with a partner, take a survey of your classmates to find out what their favorite weekend activities with family and with friends were. Try to interview classes of older and younger students as well to see if results can be correlated with age. Prepare a short summary of what you have found and present it to the class.

Goal: A copy of your report on the survey to be placed in your portfolio.

Scoring:

Criteria/Scale 1–4	(1)	Poor	(2)	Fair	(3)	Good	(4)	Excellent
Effort	1	Work shows little effort	2	Some effort shown, but not enough to produce good results	3	Survey shows good effort put forth both in creating survey and in tabulating results	4	Excellent and successful effort made
Quality of questions asked	1	Questions incomprehensible and/or not relevant	2	Some serious flaws in questions	3	Survey well thought out	4	Developed excellent survey
Vocabulary	1	Limited vocabulary use	2	Some attempt to use known vocabulary	3	Good use of vocabulary	4	Excellent use of vocabulary
Grammar accuracy	1	Errors prevent comprehension	2	Some grammar errors throughout	3	Good use of grammar	4	Excellent use of grammar

A = 13–16 pts.   B = 10–12 pts.   C = 7–9 pts.   D = 4–6 pts.   F = < 4 pts.

Total Score: _____

Comments: _____

_____

_____

_____

_____

_____

_____

_____

_____

Etapa preliminar
Portfolio Assessment

PORTFOLIO ASSESSMENT   ඔඔඔඔඔඔඔඔඔඔඔඔඔඔඔඔඔඔ

2 Agencia de viajes

Plan your ideal trip to the Spanish-speaking world. Imagine you have two weeks to spend. Select your countries, cities, and sights and explain why you made the selection you did. Write up your trip as a travel itinerary with days: **día uno, día dos**, etc. You may want to get information from a travel agent to make your itinerary more realistic.

Goal: A copy of your intinerary and a paragraph about why you selected the places you did to be placed in your portfolio.

Scoring:

Criteria/Scale 1–4	(1)	Poor	(2)	Fair	(3)	Good	(4)	Excellent
Interest level and scope	1	Not interesting	2	Somewhat interesting	3	Quite interesting	4	Very interesting
Vocabulary	1	Limited vocabulary use	2	Some attempt to use known vocabulary	3	Good use of vocabulary	4	Excellent use of vocabulary
Grammar accuracy	1	Errors prevent comprehension	2	Some grammar errors throughout	3	Good use of grammar	4	Excellent use of grammar
Effort	1	Work shows little effort	2	Some effort shown, but not enough to produce good results	3	Itinerary shows good effort put forth	4	Excellent and successful effort made

A = 13–16 pts.   B = 10–12 pts.   C = 7–9 pts.   D = 4–6 pts.   F = < 4 pts.

Total Score: _____

Comments: _____

_____

_____

_____

_____

_____

_____

_____

_____

_____

Etapa preliminar · **Portfolio Assessment**

Unidad 1

ESCUCHAR ⊚⊚⊚⊚⊚⊚⊚⊚⊚⊚⊚⊚⊚⊚⊚⊚⊚⊚⊚⊚⊚⊚⊚⊚⊚⊚

ACTIVIDAD 1 La foto

A fin de año, Marta sacó esta foto con tres de sus profesores favoritos. Escucha la descripción de cada persona y decide si la descripción es correcta o no. Si es correcta, marca **sí.** Si no es correcta, marca **no.**

Marta   el señor Iglesias   el señor Montalbán   la señorita Rodríguez

1. sí (no)   **3.** (sí) no

2. (sí) no   **4.** (sí) no

ACTIVIDAD 2 En la fiesta

Estás en una fiesta y oyes a varias personas hablar de otras personas que también están en la fiesta. Escucha las conversaciones. Luego, subraya las palabras que describen a cada persona.

1. Carlos

   (**a.**) alto   (**b.**) pelo rojizo   **c.** lleva anteojos

2. Marisa

   a. baja   **b.** pelo rubio   (**c.**) lleva cola de caballo

3. Arturo

   a. pelo largo   **b.** delgado   (**c.**) lleva ropa elegante

4. Teresa

   a. usa lentes de contacto   (**b.**) pelo corto con flequillo   **c.** gorda

3 Mis primos

Ángela le describe a su mejor amiga cómo son sus primos. Escucha sus descripciones.
Luego, completa las oraciones con la palabra más apropiada de la lista.

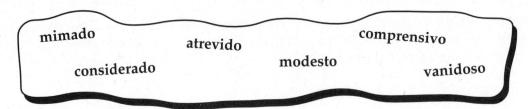

mimado

atrevido

comprensivo

considerado

modesto

vanidoso

1. Martín es _atrevido_____.

2. Álvaro es _vanidoso_____.

3. Mireya es _comprensiva_____.

4. Sergio es _considerado_____.

5. Sonia es _mimada_____.

6. Rosalinda es _modesta_____.

4 ¿Quién es?

En la clase de español, todos escriben una descripción física de cómo son. La profesora
lee cada descripción a la clase y la clase adivina quién es el autor. Después de escuchar
las descripciones y la reacción de la clase, escribe una oración que menciona las
características de cada persona. Sigue el modelo.

modelo: Arturo tiene muchas pecas en la cara.

1. Ana tiene la cara ovalada.

2. Enrique tiene el pelo teñido de azul.

3. Susana tiene un lunar debajo del ojo.

4. Mario es calvo.

5. Ricardo tiene barba y bigote.

6. Elena lleva el pelo en cola de caballo.

VOCABULARIO

ACTIVIDAD 5 Opiniones

Todos tienen opiniones diferentes. Para saber qué piensa cada persona en la clase de español, completa sus oraciones con la palabra o frase que tenga más sentido.

> a diferencia de
> lo bueno lo malo
> lo más/lo menos
> lo mejor lo peor
> por un lado/por otro lado

1. «__Lo malo__ es que tenemos mucha tarea para la clase de español.
   __Lo bueno__ es que el profesor nos dio dos semanas para completarla».

2. «__Por un lado__, veo que Fernando tiene razón. __Por otro lado__, también estoy de acuerdo con Luis».

3. «__Lo más__ importante es que saque una buena nota en el examen.
   __Lo menos__ importante es que tenga tiempo para divertirme».

4. «Miguel es estudioso, __a diferencia de__ su hermana, quien es muy perezosa».

5. «Mirar los videos es __lo mejor__ de la clase. Hacer ejercicios de gramática es
   __lo peor__».

ACTIVIDAD 6 La familia Anguiano

Marisela piensa en su niñez. Usa el imperfecto de los verbos y completa sus pensamientos.

> resolver
> influir
> compartir
> tener en común
> respetar
> hacerle caso a
> discutir

«Mi hermano mayor era muy generoso. Siempre __compartía__ sus juguetes. Mis hermanos gemelos. Yo __tenía en común__ el amor por los deportes con mi hermano menor».

«Mi abuelo era muy estricto. Si no __le hacíamos caso__, se enojaba mucho. Mi abuela __resolvía__ los problemas de todos. Nuestros padres __influían__ mucho en nuestras decisiones».

«En mi familia, nosotros siempre __respetábamos__ los deseos de los demás, pero a veces __discutíamos__».

 **El cine**

Vas a ir al cine con cuatro amigos y los describes a tus padres.

modelo: Mi amiga Cristina es de estatura mediana y delgada. Tiene el pelo rojizo.
Generalmente lo lleva en cola de caballo con flequillo.

1. mi amiga _____

_____

2. mi amigo _____

_____

3. mi amiga _____

_____

4. mi amigo _____

_____

 **El anuario**

Mira la foto del anuario *(yearbook)*. Escoge a cuatro personas y dales un nombre.
Escribe algunas oraciones describiendo las características físicas de esas personas y
algunas describiendo las características de sus personalides. **Answers will vary.**

_____

_____

_____

_____

_____

_____

GRAMÁTICA: REVIEW OF *ser* AND *estar*

9 ¿Cómo somos?

Un amigo te pregunta cómo son los estudiantes de tu clase de español y tú le contestas. Usa la forma apropiada de los verbos **ser** o **estar** para describir a tus compañeros de clase.

1. ¿Geraldo? _____Es_____ comprensivo. _____Está_____ haciendo los quehaceres para su mamá.

2. ¿Estela y Lorenzo? _____Son_____ vanidosos. Siempre _____están_____ mirándose en el espejo.

3. ¿Lucía? _____Es_____ mimada. Si haces lo que ella quiere, _____está_____ contenta.

4. ¿Eduardo? _____Es_____ desagradable. Siempre _____está_____ de mal humor.

5. ¿Nosotras? _____Somos_____ populares. Todos esos regalos _____son_____ para nosotras.

10 La entrevista

El señor Cortés le hace una entrevista por radio a Gabriela Álvarez, una joven artista de Madrid. Completa la entrevista con las formas correctas de los verbos **ser** y **estar** para saber cómo le va a la señorita Maradona.

— ¡Buenos días, radioyentes! Hoy yo **1.** _____estoy_____ aquí en el Museo de Arte con Gabriela Álvarez. Gabriela **2.** _____es_____ artista. Este mes hay una exhibición de su arte. Estas pinturas **3.** _____son_____ de ella. Ella **4.** _____es_____ hija del famoso guitarrista Abel Álvarez. El señor Álvarez no **5.** _____está_____ aquí hoy porque **6.** _____está_____ en Granada, donde vive. Gabriela **7.** _____está_____ muy preocupada por su exhibición. **8.** _____Es_____ su primera exhibición en los Estados Unidos. ¿Qué nos dices, Gabriela?

— Hoy **9.** _____es_____ un día muy especial para mí. ¡**10.** _____Estoy_____ muy emocionada! Generalmente no **11.** _____estoy_____ nerviosa, pero hoy sí. ¡**12.** _____estoy_____ muy nerviosa! ¡**13.** _____Son_____ las diez! ¡Ya van abrir las puertas! Con su permiso, señor Cortés.»

— La señorita Álvarez **14.** _____es_____ muy simpática y le deseamos mucha suerte.

11 Mis compañeros de clase

Escribe una oración que describe la situación de seis compañeros de clase. Usa **ser** o **estar** y añade los detalles necesarios. Answers will vary. Possible answers:

modelo: nervioso (examen de geometría)
Mi compañero Carlos está nervioso porque tiene un examen de geometría.

1. cansado (un partido de fútbol)
Mi compañero(a)...está cansado(a). Acaba de jugar en un partido de fútbol.

2. dominicano (de Santo Domingo)
Mi compañero(a)...es dominicano(a). Es de Santo Domingo.

3. seria (en su casa)
Mi compañera...es seria. Ahora está en su casa.

4. aburrido (clase de matemáticas)
Mi compañero(a)...está aburrido(a). Está en la clase de matemáticas.

5. en la biblioteca (hacer la tarea)
Mi compañero(a)...está en la biblioteca. Está haciendo la tarea.

12 El anuncio

Tu mejor amigo(a) quiere encontrar un(a) amigo(a) de correspondencia por Internet. Escribe una descripción de él o ella para poner un anuncio electrónico. Usa **ser** o **estar**. Menciona su nacionalidad, su edad, sus características físicas y de personalidad, sus actividades preferidas, etc. ¡Escribe un anuncio interesante y atractivo!

_____

_____

_____

_____

_____

_____

_____

_____

_____

_____

GRAMÁTICA: REVIEW OF IMPERFECT FORMS

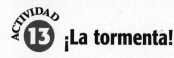

13 ¡La tormenta!

Anoche hubo una tormenta. ¿Qué estaban haciendo todos?

modelo: yo: leer el periódico
Yo leía el periódico.

1. tú: usar el Internet

Tú navegabas por Internet.

2. nosotros: ver un programa en la televisión

Nosotros veíamos un programa en la televisión.

3. mamá: escribir una carta

Mamá escribía una carta.

4. mis hermanas: estudiar

Mis hermanas estudiaban.

5. yo: pasar la aspiradora

Yo pasaba la aspiradora.

14 ¡Cómo cambian las cosas!

Tu abuela te está contando cómo era la vida cuando ella era niña. Usa el imperfecto de los verbos entre paréntesis para completar su cuento.

Cuando yo **1.** ___era___ (ser) niña, la vida **2.** ___era___ (ser) muy diferente. Por ejemplo, ustedes van a la escuela en autobús o en coche. Nosotros **3.** _íbamos_ (ir) a la escuela a pie. No **4.** ___había___ (haber) computadoras personales. Mi hermano y yo **5.** _hacíamos_ (hacer) la tarea con papel y bolígrafo, no en la computadora. Internet no **6.** ___existía___ (existir). No **7.** _hablábamos_ (hablar) por Teléfonos celulares. ¿Te lo puedes imaginar?

¡La televisión que **8.** ___teníamos___ (nosotros: tener) era en blanco y negro! **9.** ___Veíamos___ (nosotros: ver) la tele muy poco. Para entretenerme, yo **10.** ___leía___ (leer) en vez de ver televisión. Mi hermano y yo no **11.** ___salíamos___ (salir) mucho. **12.** _Nos acostábamos_ (nosotros: acostarse) muy temprano para no usar mucha electricidad.

¡Cómo cambian las cosas!

GRAMÁTICA: REVIEW OF IMPERFECT FORMS

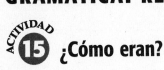

ACTIVIDAD 15 ¿Cómo eran?

Un(a) amigo(a) nuevo(a) tuyo(a) quiere saber cómo eran varias personas que conocías en tu niñez. Usando el imperfecto, escribe una oración sobre cada persona que conocías. Usa la información en las dos columnas para describir a cada persona.

modelo: Mi amiga Yolanda era perezosa. Nunca hacía la tarea a tiempo.

desagradable	nunca hablar de sus éxitos
atarevido	sus papás darle todo lo que pedía
modesto	siempre estar de mal humor
mimado	siempre ayudar a sus amigos
fiel	fascinarle los deportes peligrosos

1. _____

2. _____

3. _____

4. _____

5. _____

ACTIVIDAD 16 ¿Qué hacían?

¿Qué hacían todos cuando eran niños? Escribe una oración que describa las actividades de tus amigos y sus familias cuando eran niños.

modelo: acampar / en las montañas / todos los veranos
Viviana y su familia acampaban en las montañas todos los veranos.

1. alquilar / videos / todos los domingos por la tarde

   Answers will vary.

2. bailar / en la discoteca / los sábados por la noche

   _____

3. cantar / en voz alta / en la ducha

   _____

4. cocinar / para su familia / una vez por semana

   _____

5. escuchar / música rap / en el coche

   _____

GRAMÁTICA: PRETERITE VS. IMPERFECT

17 Ayer y antes

Tu hermano, un estudiante universitario, vino a pasar unos días en casa. Ha cambiado muchos de sus hábitos. Di qué hizo ayer y qué hacía antes. Sigue el modelo.

modelo: comprar un traje muy elegante / comprar ropa muy informal
Ayer compró un traje muy elegante.
Antes compraba ropa muy informal.

1. trabajar todo el día / no gustarle trabajar

   Ayer trabajó todo el día./Antes no le gustaba trabajar.

2. limpiar su cuarto / nunca limpiar su cuarto

   Ayer limpió su cuarto./Antes nunca limpiaba su cuarto.

3. estudiar para un examen / no estudiar para sus exámenes

   Ayer estudió para un examen./Antes no estudiaba para sus exámenes.

4. hacer mucho ejercicio / no hacer ejercicio

   Ayer hizo mucho ejercicio./Antes no hacía ejercicio.

5. compartir sus CDs conmigo / no compartir sus CDs conmigo

   Ayer compartió sus CDs conmigo./Antes no compartía sus CDS conmigo.

18 Un viaje

En su diario, Sonia describe un viaje a San Miguel de Allende que hizo cuando tenía quince años. Completa su descripción con las formas apropiadas de los verbos entre paréntesis. Fíjate muy bien en el uso del pretérito y del imperfecto.

Cuando yo 1. ___era___ (ser) niña, mis padres siempre nos 2. ___llevaban___ (llevar) a México para las vacaciones. Un verano, ellos 3. ___decidieron___ (decidir) que 4. ___querían___ (querer) llevarnos a San Miguel de Allende. Yo no 5. ___quería___ (querer) ir porque 6. ___tenía___ (tener) quince años y 7. ___prefería___ (preferir) quedarme en casa y pasar el verano con mis amigos. Ellos 8. ___insistieron___ (insistir) que yo 9. ___tenía___ (tener) que ir. Nosotros 10. ___dimos___ (dar) un paseo por San Miguel de Allende a pie. En la plaza 11. ___nos sentamos___ (nosotros: sentarse) a descansar. La ciudad es bellísima.

GRAMÁTICA: PRESENT AND PAST PERFECT

ACTIVIDAD 19 Emociones

Es un día de muchas emociones. ¿Por qué se siente así cada persona?

modelo: ¿Por qué está enojada mamá? (nosotros: no lavar los platos)
Mamá está enojada porque nosotros no hemos lavado los platos.

1. ¿Por qué está contento papá? (tú: lavar el carro)

Papá está contento porque tú has lavado el carro.

2. ¿Por qué está furiosa Abuela? (perrito: destruir su jardín)

Abuela está furiosa porque el perrito ha destruido su jardín.

3. ¿Por qué está disgustado mi tío? (mis primos: no hacer la tarea)

Mi tío está disgustado porque mis primos no han hecho la tarea.

4. ¿Por qué está preocupado mi abuelo? (mi abuela: no regresar de la tienda)

Mi abuelo está preocupado porque mi abuela no ha regresado de la tienda.

5. ¿Por qué está triste mi tía? (ella: no ver a mis primos hoy)

Mi tía está triste porque no ha visto a mis primos hoy.

ACTIVIDAD 20 La quinceañera

Tu amiga Consuelo iba a tener una fiesta de quinceañera, pero no pudo porque se rompió la pierna en un partido de fútbol. Di lo que ya habían hecho ella y sus familiares para la fiesta.

modelo: su mamá: ordenar el pastel
Su mamá ya había ordenado el pastel.

1. nosotros: enviar las invitaciones
Nosotros ya habíamos enviado las invitaciones.

2. las damas: comprar sus vestidos
Las damas ya habían comprado sus vestidos.

3. tú: comprar el regalo
Tú ya habías comprado el regalo.

4. su padre: reservar el salón de baile
Su padre ya había reservado el salón de baile.

5. sus tías: planear el menú
Sus tías ya habían planeado el menú.

ESCUCHAR 〰〰〰〰〰〰〰〰〰〰〰〰〰〰〰〰〰〰〰〰〰〰〰

1 Identificar vocales

Escucha con atención las palabras que lee el narrador. De acuerdo a las reglas que siguen, fíjate que todas las palabras tienen una vocal. Identifica la vocal o vocales que oyes en cada palabra.

Regla N° 1. Siempre se necesita una vocal para formar un sílaba.

De una a tres sílabas	Cuatro o más sílabas
más	unidades
con	amistades
dos	necesidad
para	camisetas
menos	investigación
caber	
propina	
pasteles	
encontrar	

2 Dividir palabras en sílabas

Escucha de nuevo al narrador. Completa las palabras siguientes escribiendo la sílaba o sílabas que faltan.

Regla N° 2. En español, la mayoría de las sílabas comienzan con una consonante.

1. amis __ta__ des

2. __in__ __ves__ tiga __ción__

3. ca __ber__

4. pa __ra__

5. ne __ce__ si __dad__

6. pas __te__ les

7. ca __mi__ se __tas__

8. __me__ nos

9. pro __pi__ na

10. __u__ ni __da__ des

Nombre _____ Clase _____ Fecha _____

LECTURA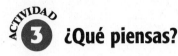

ACTIVIDAD 3 ¿Qué piensas?

¿Cómo son tus amigos? ¿Son parecidos a los de la lectura? Explica como son parecidos y diferentes a los chicos de la narración.

_____

_____

Mis amigos

Somos un grupo simpático. Venimos de distintas partes, pero todos hablamos español. Nos gusta conversar sobre nuestras familias y recordar cómo eran nuestros abuelos. Uno de mis amigos, Esteban, es músico. Tiene mucho talento y toca el piano muy bien. Cuando él toca, nosotros cantamos. Somos muy alegres y sabemos muchas canciones de memoria. María Aurora estudia canto y quiere ser soprano de ópera. Ella es alta y muy bondadosa. Nos enseña cómo cantar un poco mejor y ya tenemos varios en el grupo que lo hacen muy bien. Elena sabe muchos cuentos de su país. Ella es de Costa Rica donde hay muchos lugares para ver la naturaleza. Elena es de estatura baja y es morena. Ella viaja con sus padres a Costa Rica todos los años para visitar la familia que tienen en Costa Rica. Elena siempre nos trae regalos de su país.

ACTIVIDAD 4 ¿Comprendiste?

Contesta las siguientes preguntas basándote en la lectura anterior.

1. ¿De dónde es Elena? _Elena es de Costa Rica._

2. ¿Cómo canta María Aurora _Ella canta muy bien._

3. ¿Qué instrumento toca Esteban muy bien? _Esteban toca el piano muy bien._

4. ¿Cómo es el grupo? _El grupo es simpático y alegre._

5. ¿De qué hablan los amigos? _Los amigos hablan de la familia._

GRAMÁTICA: *ser* o *estar*

ⓒⓒⓒⓒⓒⓒⓒⓒⓒⓒⓒⓒⓒⓒⓒⓒⓒⓒ

5 **¿Somos o estamos?**

Rellena el espacio con la forma correcta de **ser** o **estar.**

1. La mamá de mi amiga _____ **está** _____ enferma esta semana.

2. Los profesores _____ **son** _____ muy estrictos cuando califican los exámenes.

3. Nosotros _____ **estamos** _____ estudiando gramática española.

4. Hilda y Samuel _____ **están** _____ de vacaciones en Perú.

5. Tú _____ **eres** _____ rubio como tu tío Luis.

6. Mis tíos _____ **estaban** _____ de paseo cuando oyeron la noticia.

7. La amiga de Raúl _____ **es** _____ una chica encantadora.

8. El día _____ **estaba** _____ nublado ayer, pero hoy hace sol.

6 **¡A conjugar!**

Conjuga el verbo en paréntesis para completar el párrafo.

   Este verano hice un viaje a Chicago. Aprendí muchas cosas interesantes durante mi
visita. Aprendí que el edificio más alto del mundo _____ **es** _____ (ser) la
Torre Sears. Aprendí que la estatua que _____ **está** _____ (estar) encima del
edificio mercantil es de Ceres, la diosa romana de la cosecha. El Centro Harold
Washington _____ **es** _____ (ser) la biblioteca más grande de Estados
Unidos y _____ **está** _____ (estar) decorada con obras de arte creadas por
artistas africano-americanos. Muchas obras importantes de pintores americanos
_____ **están** _____ en el museo del Instituto de Arte de Chicago. Los museos
de Chicago _____ **son** _____ buenísimos.

Nombre _____ Clase _____ Fecha _____

GRAMÁTICA: EL IMPERFECTO

 ¡En orden!

Pon las palabras en orden y verás lo que dicen las oraciones.

1. playa / ir / cuando / nadar/ a / mucho / la

Cuando íbamos a la playa nadábamos mucho.

2. hacer / cena / mi / todas / la / abuelita / noches / las

Mi abuelita hacía la cena todas las noches.

3. de / los / sobre / hablar / la / senadores / reforma / educación / la

Los senadores hablaban sobre la reforma de la educación.

4. del / nada / tú / sobre / saber / película / no / la / espacio

Tú no sabías nada sobre la película del espacio.

5. la / médico / paciente / tener / enfermedad / el / explicar / al / le / que

El médico le explicaba al paciente la enfermedad que tenía.

6. ejercicios / días / hacer / forma / los / para / mantenerse / todos / en

Hacían ejercicios todos los días para mantenerse en forma.

 ¿Qué hacías?

Escribe lo que hacías en estos lugares cuando llegaron tus amigos.

1. en la heladería (comer un helado) Yo comía helado en la heladería.

2. en la librería (comprar un libro) Yo compraba un libro en la librería.

3. en el gimnasio (hacer ejercicio) Yo hacía ejercicio en el gimnasio.

4. en el aeropuerto (esperar a mis primos) Yo esperaba a mis primos en el aeropuerto.

5. en la escuela (estudiar para el examen) Yo estudiaba para el examen en la escuela.

6. en la cancha (jugar al tenis) Yo jugaba al tenis en la cancha.

GRAMÁTICA: PRETÉRITO E IMPERFECTO

9 Una entrevista interesante

Completa la entrevista con la famosa actriz de cine, Lucía Blanca Peña de Oro. Usa el pronombre **usted**.

Entrevistadora: ¿Cuándo ____comenzó____ (comenzar) su carrera?

Lucía: ____Tenía____ (Tener) más o menos doce años cuando ____hice____ (hacer) mi primera película.

Entrevistadora: ¿ ____Trabajaba____ (Trabajar) y ____estudiaba____ (estudiar) a la vez?

Lucía: ____Eran____ (Ser) los tiempos en que se ____podía____ (poder) hacer ambas cosas.

Entrevistadora: ¿ ____Fue____ (Ser) popular su película cuando se ____filmó____ (filmar).

Lucía: ____Estuvo____ (Estar) en los cines poco tiempo. Creo que no ____fue____ (ser) muy popular.

Entrevistadora: ¿Se ____se sintió____ (sentir) mal al saber que la película no ____tuvo____ (tener) mucho éxito?

Lucía: En realidad, no la ____vi____ (ver) como un fracaso. ____Pensé____ (pensar) que ____tenía____ (tener) que seguir.

Entrevistadora: Gracias, Lucía. ____Fue____ (Ser) muy agradable para mí mí entrevistarla.

Lucía: También lo ____fue____ (ser) para mí.

10 Cosas que hicimos

Usa el pretérito para describir las siguientes actividades.

1. Ella caminaba en el parque por las mañanas.

Ella caminó por el parque una mañana.
_____

2. Comíamos en ese restaurante con frecuencia.

Comimos en ese restaurante una vez (o ayer etc.).
_____

3. Los músicos tocaban esa pieza admirablemente.

Los músicos tocaron esa pieza admirablemente.
_____

4. Hablabas muy bien en público.

Hablaste muy bien en público.
_____

ACTIVIDAD 11 Trabajo y diversión el verano pasado

Conoces a un(a) amigo(a) nuevo. Le cuentas cosas sobre tu vida ahora y sobre tu vida el verano pasado. Completa las oraciones con el pretérito o el imperfecto de los verbos entre paréntesis. Usa la frase junto al verbo para decidir el tiempo que debes usar.

modelo: Me gusta leer. <u>El verano pasado</u> (leer: tres novelas) <u>leí tres novelas</u>.

1. Me gusta el trabajo. El verano pasado (actuar: en una obra de Lorca)

   Me gusta el trabajo. El verano pasado actué en una obra de Lorca.

2. Me gusta traer cosas a las fiestas. El verano pasado (traer: la música a la fiesta)

   Me gusta traer cosas a las fiestas. El verano pasado traje la música a la fiesta.

3. Mi amigo Paco goza mucho conmigo. El verano pasado él y yo (gozar: mucho haciendo montañismo)

   Mi amigo Paco goza mucho conmigo. El verano pasado él y yo gozamos mucho

   haciendo montañismo.

4. Ana y Marisol trabajan mucho. El verano pasado, ellas (trabajar: todos los días).

   Ana y Marisol trabajan mucho. El verano pasado, ellas trabajaban todos los días.

5. Gonzalo es muy cómico. El verano pasado yo (reírse: con todos sus chistes).

   Gonzalo es muy cómico. El verano pasado yo me reía con todos sus chistes.

6. Los padres de Carolina van a Chile todos los veranos. El verano pasado, sin embargo, no (ir: a Chile).

   Los padres de Carolina van a Chile todos los veranos. El verano pasado, sin embargo,

   no fueron.

ACTIVIDAD 12 ¿Cuál usarías?

Subraya la forma del verbo que mejor completa los pensamientos.

1. Todos los días el maestro (explicó/<u>explicaba</u>) las clases con entusiasmo.

2. Los amigos (<u>decidieron</u>/decidian) visitar la exhibición.

3. Cuando (<u>mostrábamos</u>/mostramos) los productos, (<u>vendíamos</u>/vendimos) mucho.

4. La abuelita (cargaba/<u>cargó</u>) al nieto por primera vez.

5. Los comerciantes (anunciaban/<u>anunciaron</u>) sus productos en todos los juegos de ese año.

GRAMÁTICA: TIEMPOS COMPUESTOS

 13 Respuestas a preguntas lógicas

Busca preguntas lógicas para las siguientes respuestas usando tiempos compuestos.

1. Parece que ha pasado un ciclón por el desorden que hay.

Answers will vary. Sample answers given. ¿Qué ha pasado?

2. Han comido en casa de Laura.

¿Han comido?

3. Sí, ya habíamos hablado con el profesor cuando llegó Julio.

¿Habían hablado con el profesor cuando llegó Luis?

4. Has practicado dos horas.

¿Has practicado dos horas?

5. He terminado de recoger mi cuarto.

¿Has terminado de recoger tu cuarto?

 14 ¿Sabías que…?

Completa las preguntas usando el perfecto del indicativo con los verbos en paréntesis.

1. ¿Sabías que ya __ha comenzado__ el festival de cine? (comenzar)

2. ¿Sabías que los edificios viejos se __han declarado__ monumentos nacionales? (declarar)

3. ¿Sabías que los libros de misterio se __han vendido__ todos? (vender)

4. ¿Sabías que __he tenido__ que regalar a mi perro? (tener)

5. ¿Sabías que Adelaida se __ha casado__ y no nos invitó a la boda? (casar)

GRAMÁTICA: MÁS TIEMPOS COMPUESTOS ⓪ⓞⓞⓞⓞⓞⓞⓞⓞ

15 Rutinas

Forma el perfecto del indicativo con el verbo dado para hablar sobre las rutinas.

Modelo: Luisa / escribir una carta
Luisa ha escrito una carta.

1. Ramiro / salir temprano hoy   _Ramiro ha salido temprano hoy._

2. Los estudiantes / terminar   _Los estudiantes han terminado._

3. El correo / cerrar por la fiesta nacional   _El correo ha cerrado por la fiesta nacional._

4. Yo me / quedar en casa toda la semana   _Yo me he quedado en casa toda la semana._

5. Nosotros / quedar en encontrarnos en el cine ayer   _Nosotros habíamos quedado_

   en encontrarnos en el cine ayer.

16 Metas

Completa las oraciones con la forma apropiada de los siguientes verbos. Usa el perfecto del indicativo o del pluscuamperfecto.

llegar   recorrer   alcanzar   obtener   lograr

1. _Ha obtenido_ _____ el premio de la mejor composición.

2. _Habías logrado_ _____ mucho en tu empeño de ayudar a los pobres cuando te nombraron presidente del club.

3. _Hemos alcanzado_ _____ la meta, pero trabajando duro.

4. _Habían recorrido_ _____ 20 millas cuando se les rompió el carro.

5. _He llegado_ _____ hasta el tope de la montaña.

ESCRITURA ⟨⟨⟨⟨⟨⟨⟨⟨⟨⟨⟨⟨⟨⟨⟨⟨⟨⟨⟨⟨⟨⟨⟨⟨⟨⟨⟨⟨⟨⟨⟨⟨⟨

17 El sueño

Explica lo que entiendes por soñar. La autora de *Soñar en cubano* piensa que el soñar es recordar y desear. Pilar desea regresar a su país para ver de nuevo a su abuela y su país. Haz una lista de las cosas que pondrías en una novela sobre tu país, tus sueños y aspiraciones en la vida.

_____

_____

_____

_____

_____

_____

18 Ahora te toca a ti

Escribe un cuento corto sobre el primer día de clase y los estudiantes que conociste. Compártelo con la clase.

_____

_____

_____

_____

_____

_____

_____

_____

_____

_____

CULTURA @@@@@@@@@@@@@@@@@@@@@@@@@@@@@@@@@@@@@

19 Apodos

Trata de encontrar los apodos para los siguientes nombres. Si no los sabes, pregunta a tu familia y a tus amigos.

¿Cuál es el apodo de...

José? ___Pepe / Cheo___

Enrique? ___Quique___

María? ___Maruja___

Ramón? ___Moncho___

Guadalupe? ___Lupe___

Trinidad? ___Trini___

20 De otra manera

¿De dónde será una persona que use las siguientes palabras?

1. majo ___España___

2. cuate ___México___

3. mono ___Puerto Rico___

4. galán ___México___

21 Mis personajes

Imagina que eres gionista y vas a escribir el guión de una película nueva. Describe los tres personajes principales.

___Answers will vary.___

_____

_____

_____

_____

_____

1 ¿Conoces a...?

_____
_____
_____
_____
_____
_____
_____

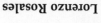

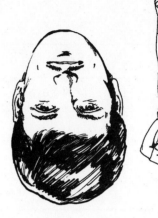

Lorenzo Rosales

¿Cómo es Marta Osorio?

Pregúntale a tu compañero(a) cómo es la nueva estudiante, Marta Osorio. Pregúntale cómo se ve, si lleva anteojos, cómo tiene el pelo, de qué color tiene el pelo, si tiene pecas, etc. Después, contesta las preguntas de tu compañero(a) sobre Lorenzo Rosales.

Estudiante A

Estudiante B

Contesta las preguntas de tu compañero(a) sobre Marta Osorio. Después, pregúntale a tu compañero(a) si conoce a Lorenzo Rosales. Pregúntale también cómo es Lorenzo.

Marta Osorio

¿Cómo es Lorenzo Rosales?

_____
_____
_____
_____
_____
_____
_____

Nombre _____ Clase _____ Fecha _____

2 ¿De dónde son?

Estudiante A

Pregúntale a tu compañero(a) de dónde son estas personas y también dónde están ahora: Catalina Márquez Sosa y Rafael Maldonado. Pregúntale qué hacen en el lugar dónde están. Después, contesta las preguntas de tu compañero(a) sobre las otras personas.

	origen	ahora	qué hace allí
Osvaldo Camacho Gómez	México	Los Ángeles	estudiar
Nélida Morales	Puerto Rico	Chicago	vivir
Rafael Maldonado			
Catalina Márquez Sosa			

Estudiante B

Contesta las preguntas de tu compañero(a) sobre el origen de ciertas personas. Pregúntale a tu compañero(a) de dónde son estas personas y también dónde están ahora: Nélida Morales y Osvaldo Camacho Gómez. Pregúntale qué hacen en el lugar dónde están.

	origen	ahora	qué hace allí
Catalina Márquez Sosa	Perú	Nueva York	trabajar
Rafael Maldonado	Venezuela	Miami	visitar
Nélida Morales			
Osvaldo Camacho Gómez			

3 Un niñez divertido

_____

_____

_____

_____

_____

Escribe una lista de lo que hacía cada persona antes y lo que hace ahora.

Rodrigo

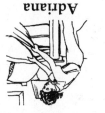
Ileana

Adriana

Pedro

que hacer ahora.

mayores tienen muchos quehaceres. Hablen sobre lo que hacían cuando eran niños y lo que tienen

Cuando Ileana y sus amigos eran niños tenían mucho tiempo libre para jugar. Ahora que son

Estudiante A

Estudiante B

Cuando Ileana y sus amigos eran niños tenían mucho tiempo libre para jugar. Ahora que son mayores tienen muchos quehaceres. Hablen sobre lo que hacían cuando eran niños y lo que tienen que hacer ahora.

Ileana

Pedro

Rodrigo

Adriana

Escribe una lista de lo que hacía cada persona antes lo que hace ahora.

_____

_____

_____

_____

_____

_____

Nombre _____ Clase _____ Fecha _____

4 Descripciones y eventos

3. _____

2. _____

1. _____

Haz una lista de las cosas que han pasado.

Monica Davis   Marcos Benítez   Eladio Menéndez   Paula Chang González

Pregúntale a tu compañero(a) qué ha pasado con Roberto y Claudia. Trata de aprende por lo menos tres cosas sobre Roberto y Claudia. Usa palabras como **primero, después, por fin,** etc. Después, contesta las preguntas de tu compañero(a) sobre unas personas que tu compañero(a) todavía no conoce.

Estudiante A

Estudiante B

Contesta las preguntas de tu compañero(a) sobre Roberto y Claudia. Después, pregúntale a tu compañero(a) quiénes son las siguientes personas: Monica Davis, Marcos Benítez, Eladio Menéndez y Paula Chang González.

Completa estas oraciones con una descripción de cada persona.

1. Monica Davis _____.

2. Eladio Menéndez _____.

3. Marcos Benítez _____.

4. Paula Chang González _____.

¿CÓMO SOMOS? ᓇᓇᓇᓇᓇᓇᓇᓇᓇᓇᓇᓇᓇᓇᓇᓇᓇᓇᓇᓇᓇᓇᓇᓇᓇ

Interview a family member and ask him or her to describe various family members.
- First explain what the assignment is.
- Then ask him or her the question below.
  ¿Cómo son los miembros de tu familia?
- Don't forget to model the pronunciation of the various physical characteristics so that he or she feels comfortable saying them in Spanish. Point to the name of each characteristic as you say the word.
- After you get the answer, complete the sentence at the bottom of the page.

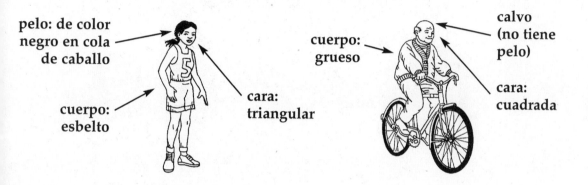

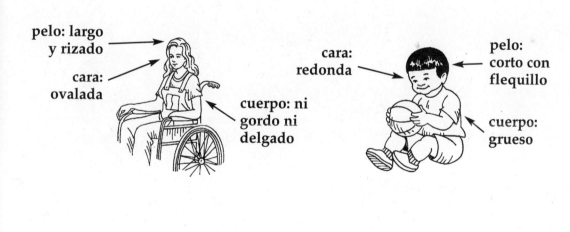

_____ es _____.

_____ es _____.

_____ es _____. (etc.).

Nombre   Clase   Fecha

¿QUÉ CARACTERÍSTICAS TIENES? ⊙⊙⊙⊙⊙⊙⊙⊙⊙⊙⊙⊙⊙⊙

Interview a family member and ask him or her to describe a few of his or her own
distinguishing characteristics.

- First explain what the assignment is.
- Then ask the question below.
  ¿Qué características tienes?
- Don't forget to model the pronunciation of the various distinguishing
  characteristics so that he or she feels comfortable saying them in Spanish.
  Point to the name of each characteristic as you say the word.
- After you get the answer, complete the sentence at the bottom of the page.

 anteojos

 lunar

 pecas

bigote y
barba

Tengo (o llevo) _____.

En vivo, Pupil's Edition
Level 3 pages 34–35

Disc 1 Track 3

¡Eres director o directora!

Vas a filmar una película de misterio. Tienes que escoger los actores para los cuatro personajes principales.

3 Escucha las llamadas que recibiste y decide a quién le vas a hacer una audición para cada papel. Haz notas en una hoja aparte usando las categorías en tu libro.

Llamada 1: ¡Hola! Habla Ricardo Miguel Rodríguez. Soy estudiante de teatro. El otro día cuando estaba en casa de una amiga, vi su anuncio en el periódico buscando actores para la película. He actuado en algunas obras de teatro, así que tengo alguna experiencia. Ah, sí, en el anuncio pidió nuestros datos: Tengo dieciocho años. Soy alto y delgado. Tengo el pelo negro ondulado, y lo llevo en cola de caballo. Tengo los ojos negros. Dicen que tengo la cara muy triangular. A ver, ¿qué más? Soy muy trabajador. Creo que es todo. Mi número es el 3-22-34-89. Muchas gracias.

Llamada 2: No sé porque estoy llamando. Nunca me escogen. Pero soy actor, y ¡tengo que actuar! Soy un poco grueso. También soy calvo. Tengo bigote y barba pero puedo afeitarme si lo requiere el papel. Soy de estatura mediana. ¡Soy muy buen actor! Déme la oportunidad de demostrárselo. Ay, ¡se me olvidó! Cumplo treinta y siete años este mes. Muchísimas gracias. Habla Pedro Álvarez Soto, a sus órdenes. El número es el 5-31-87-04.

Llamada 3: ¡Buenas tardes! Estoy llamando porque me gustaría hacer una audición para su película. ¿Qué pidió? Ah sí, descripción física. Pues, soy baja y tengo el pelo un poco rojizo. En este momento no llevo flequillo, pero puedo cortármelo si no le gusta. Mi cara está llena de pecas...(giggle). Tengo diecisiete años. He actuado en obras pequeñas aquí en el colegio. Me encantaría ser actriz de cine algún día. ¡Ésta parece la oportunidad perfecta! Me llamo Luci Benita Santos. Me puede llamar por la noche al 4-36-98-27. ¡Gracias!

Llamada 4: Cenábamos en casa de mi mamá, cuando sonó el teléfono. Era mi tía Consuelo. Llamaba porque había visto su anuncio en Internet. ¿Cómo soy yo? Mi familia siempre ha dicho que tengo cuerpo de modelo. Soy alta y esbelta y tengo el pelo largo y negro como la noche. Tengo un lunar en la cara. ¿Experiencia? Muy poca, en realidad. He estudiado ballet toda mi vida, pero en actuación, no he tenido la oportunidad. Tengo treinta y cinco años. 2-25-33-94. Espera su llamada … la señorita Estrella Luz Bello.

En acción, Pupil's Edition
Level 3 pages 39, 43

Disc 1 Track 4

Actividad 7 La actriz Anilú Pardo

Escucha la entrevista con Anilú Pardo. Luego, contesta en oraciones completas.

Entrevistador: Dinos un poco sobre ti, quién eres, de dónde eres…

Anilú: Me llamo Anilú Pardo. Originalmente soy de la Ciudad de México, soy mexicana.

Entrevistador: ¿Cuál es tu profesión, Anilú?

Anilú: Soy actriz.

Entrevistador: ¿Qué haces aquí en Nueva York?

Anilú: Estoy aquí para hacer una película.

Entrevistador: ¿Con quién estás trabajando?

Anilú: Mi esposo es el director de la película. Él es de Brasil. Los otros actores también son latinoamericanos.

Entrevistador: ¿Cuándo empezaron la filmación?

Anilú: Estamos en el tercer día de la filmación.

Entrevistador: ¿Y cómo te sientes?

Anilú: ¡Estoy muy nerviosa!

Entrevistador: Gracias y buena suerte, Anilú.

Anilú: De nada.

Disc 1 Track 5

Actividad 14 ¡Acción!

Escucha a Luci Pérez. Ella describe una película que vio ayer. Luego, escribe oraciones basadas en su descripción.

Luci: Ayer vi una película nueva. ¡Me gustó mucho! La película tenía mucha acción. Lola Díaz, el personaje principal, era una detective alta, esbelta y muy atrevida. Un día, unos hombres malos capturaron a su compañero. Ella tenía que salvarlo sin pedir ayuda. Si pedía ayuda, los ladrones lo iban a matar. Eran muy desagradables. Al fin ella salvó a su compañero. ¡Qué emoción! La actriz es muy buena—ganó un premio por su actuación en esta película. Tienes que verla.

En voces, Pupil's Edition
Level 3 pages 46–47

Disc 1 Track 6

**Lectura
Soñar en cubano**
Sobre la autora

Cristina García nació en La Habana, Cuba, en 1958 y se crió en Nueva York. Asistió a Barnard College y a la Escuela de Estudios Internacionales Avanzados de Johns Hopkins University. Ha trabajado como periodista en Miami, San Francisco y Los Ángeles, donde vive actualmente con su esposo. *Soñar en cubano* es su primera novela.

Introducción

Soñar en cubano es una novela que narra la historia de la familia Puente. Celia, la abuela, Lourdes, su hija, y Pilar, su nieta, son los tres personajes principales. Ellas hablan de los sueños y el dolor de la familia. La autora cuenta la historia a través de las cartas que se escriben Celia, que vive en Cuba, y Lourdes y Pilar, que viven en Estados Unidos. En esta selección habla la nieta, Pilar Puente.

Soñar en cubano

Eso es. Ya lo entiendo. Regresaré a Cuba. Estoy harta de todo. Saco todo mi dinero del banco, 120 dólares, el dinero que he ahorrado esclavizada en la pastelería de mi madre, y compro un billete de autocar para irme a Miami. Calculo que una vez allí, podría gestionar mi viaje a Cuba, alquilando un bote, o consiguiendo un pescador que me lleve. Imagino la sorpresa de Abuela Celia cuando me escurriera a hurtadillas por detrás de ella. Estaría sentada en su columpio de mimbre mirando al mar, y olería a sal y a agua de violetas. Habría gaviotas y cangrejos en la orilla del mar. Acariciaría mis mejillas con sus manos frías, y cantaría silenciosamente en mis oídos.

Cuando salí de Cuba tenía sólo dos años, pero recuerdo todo lo que pasó desde que era una cría, cada una de las conversaciones, palabra por palabra. Estaba sentada en la falda de mi abuela jugando con sus pendientes de perlas, cuando mi madre le dijo que nos iríamos de la isla. Abuela Celia le acusó de haber traicionado la revolución. Mamá trató de separarme de la abuela, pero yo me agarré a ella y grité a todo pulmón. Mi abuelo vino corriendo y dijo: «Celia, deja que la niña se vaya. Debe estar con Lourdes.» Ésa fue la última vez que la vi.

Disc 1 Track 7

**Resumen de la lectura
Soñar en cubano**

Cristina García escribe sobre sobre la familia Puente de Cuba. García cuenta la historia de Celia, Lourdes y Pilar a través de sus cartas. Esta sección se trata de lo que escribe Pilar Puente mientras vive en Estados Unidos. Quiere regresar a Cuba para ver a sus abuelos. Ella no ha visto a su Abuela Celia desde que tenía dos años.

Más práctica
pages 11–12

Disc 1 Track 11

Actividad 1 La foto

A fin de año, Marta sacó esta foto con tres de sus profesores favoritos. Escucha la descripción de cada persona y decide si la descripción es correcta o no. Si es correcta, marca sí. Si no es correcta, marca no.

1. La señorita Rodríguez es baja. Tiene el pelo corto y lleva lentes de contacto.

2. El señor Montalbán es grueso y es calvo.

3. El señor Iglesias tiene el pelo ondulado. Tiene bigote y barba.

4. Marta es de estatura mediana y lleva el pelo en cola de caballo con flequillo.

Disc 1 Track 12

Actividad 2 En la fiesta

Estás en una fiesta y oyes a varias personas hablar de otras personas que también están en la fiesta. Escucha las conversaciones. Luego, subraya las palabras que describen a cada persona.

1. —¿Conociste a Carlos?
   —¿Es el chico alto?
   —Sí, es alto y tiene el pelo rojizo.
   —¿Lleva anteojos?
   —No, usa lentes de contacto porque juega al fútbol.

2. —¿Quién es aquella chica?
   —¿Qué chica, la que lleva el pelo en cola de caballo?
   —Sí. Es muy alta y tiene el pelo teñido de verde.
   —Se llama Marisa.

3. —¿Ves a aquél muchacho?
   —No, ¿qué muchacho?
   —Es calvo y un poco grueso.
   —Ah, sí, ya lo veo. ¿Cómo se llama?
   —Es Arturo. Siempre lleva ropa elegante.

4. —Quiero conocer a aquella chica.
   —¿Cuál?
   —La chica del pelo corto con flequillo.
   —¿La chica con los anteojos redondos?
   —Sí, ella. Es muy esbelta.
   —Yo la conozco. Se llama Teresa.

Disc 1 Track 13

Actividad 3 Mis primos

Ángela le describe a su mejor amiga cómo son sus primos. Escucha sus descripciones. Luego, completa las oraciones con la palabra más apropiada de la lista.

1. A mi primo Martín le gustan mucho los deportes peligrosos. No le tiene miedo a nada.

2. Mi primo Álvaro siempre está mirándose en el espejo. Se peina constantemente y cree que es muy guapo.

3. Mireya es muy simpática. Tiene muchos amigos y ellos siempre le piden consejos. Le gusta ayudar a sus amigos con sus problemas.

4. El más joven de mis primos, Sergio, siempre piensa en los demás. Si necesitas algo, Sergio te ayudará.

5. Mi primita Sonia tiene muchos juguetes. Sus padres le compran todos los juguetes que pida.

6. A mí me cae muy bien mi prima Rosalinda. Ha ganado muchos premios y saca notas muy buenas, pero nunca habla de eso.

Disc 1 Track 14

Actividad 4 ¿Quién es?

En la clase de español, todos escriben una descripción física de cómo son. La profesora lee cada descripción a la clase y la clase adivina quién es el autor. Después de escuchar las descripciones y la reacción de la clase, escribe una oración que menciona las características de cada persona. Sigue el modelo.

modelo: —Tengo muchas pecas en la cara.
        —¡Es Arturo!

1. —Tengo la cara ovalada.
   —¡Es Ana!

2. —Tengo el pelo teñido de azul.
   —¡Es Enrique!

3. —Tengo un lunar debajo del ojo.
   —¡Es Susana!

4. —Soy calvo.
   —¡Es Mario!

5. —Tengo barba y bigote.
   —¡Es Ricardo!

6. —Llevo el pelo en cola de caballo.
   —¡Es Elena!

Para hispanohablantes
page 11

Disc 1 Track 15

Actividad 1 Identificar vocales

Escucha con atención las palabras que lee el narrador. De acuerdo a las reglas que siguen, fíjate que todas las palabras tienen una vocal. Identifica la vocal o vocales que escuchas en cada palabra.

Regla Número 1. Siempre se necesita una vocal para formar una sílaba.

Palabras de una a tres sílabas

más	caber
con	propina
dos	pasteles
para	encontrar
menos	

Cuatro o más sílabas

unidades	camisetas
amistades	investigación
necesidad	

Disc 1 Track 16

Actividad 2 Dividir palabras en sílabas

Escucha de nuevo al narrador. Completa las palabras siguientes escribiendo la sílaba o sílabas que faltan.

Regla Número 2. En español, la mayoría de las sílabas comienzan con una consonante.

1. amistades
2. investigación
3. caber
4. para
5. necesidad
6. pasteles
7. camisetas
8. menos
9. propina
10. unidades

Etapa Exam Forms A&B
pages 40 and 45

Disc 19 Track 2

A. Carlos Ortega habla de su escuela, sus actividades, sus amigos y su novia. Escucha lo que dice y después indica cuál de las posibilidades completa mejor estas oraciones. Strategy: Remember to associate pieces of information you hear with each of the people spoken about. Try to create a mental picture of the people you hear about.

Examen para hispanohablantes
page 50

Disc 19 Track 2

A. Carlos Ortega habla de su escuela, sus actividades, sus amigos y su novia. Escucha lo que dice y después indica cuál de las posibilidades completa mejor estas oraciones. Strategy: Remember to associate pieces of information you hear with each of the people spoken about. Try to create a mental picture of the people you hear about.

Carlos Ortega:

Me llamo Carlos Ortega. Tengo diecisiete años y soy estudiante de una escuela secundaria de Los Ángeles, California. Soy alto, esbelto y llevo anteojos. Me gustan mis clases pero me gustan más los deportes, por eso juego al béisbol en el equipo de mi escuela. ¡Es difícil hacer ambas cosas! Tengo que estudiar para terminar mi tarea a tiempo además de entrenarme para los partidos.

En el equipo hay muchos muchachos simpáticos. Mi mejor amigo es Pedro Villanueva. Él es un chico de estatura mediana, de pelo rubio y ondulado. Pedro tiene pecas. Es un chico muy sociable y muy considerado, y también muy buen jugador de béisbol. Por otro lado, es muy buen estudiante, sobre todo en matemáticas. Siempre me ayuda a resolver los problemas difíciles.

Tengo novia. Se llama Ana María Hernández y empezamos a salir juntos en octubre. Es una chica muy guapa, muy amable y muy paciente. Es alta, de pelo negro y de cara ovalada. Los dos tenemos mucho en común, porque a Ana María le gusta mucho el béisbol. Ella también juega y este año ella ha venido a todos mis partidos.

COOPERATIVE QUIZZES ⟨⟨⟨⟨⟨⟨⟨⟨⟨⟨⟨⟨⟨⟨⟨⟨⟨⟨⟨⟨⟨

QUIZ 1 *Ser* vs. *estar*

Completa las siguientes oraciones con la forma correcta de ser o estar.

1. Creo que el señor Mondragón _____ de Cuba.

2. Los estudiantes _____ nerviosos hoy porque tienen
exámenes.

3. El concierto _____ en el centro.

4. Estos chicos _____ muy simpáticos.

5. No sé por qué esos señores siempre _____
discutiendo.

QUIZ 2 El imperfecto

Completa estas oraciones con el imperfecto del verbo o de la expresion
indicada.

1. No tenía ganas de salir porque _____. (llover)

2. El profesor estaba enojado porque los estudiantes no

_____. (hacerle caso)

3. Yo _____ mucho al cine porque me gustaba ver
películas. (ir)

4. Bárbara y Miguel _____ porque ella quería ir al cine y
él quería ir a un partido de fútbol. (discutir)

5. Antes, nosotros _____ a Pedro todos los días. (ver)

QUIZ 3 El pretérito y el imperfecto

Completa las oraciones con la forma correcta del verbo entre paréntesis. Escoge entre el pretérito y el imperfecto.

1. Yo _____ (ver) una película en la tele cuando sonó el teléfono.

2. Alfredo no _____ (barrer) el piso porque salió con sus amigos.

3. Cuando yo _____ (volver), mis amigos ya me esperaban.

4. No salí porque ya _____ (ser) las diez de la noche.

5. Bajé al comedor,_____ (poner) la mesa y empecé a preparar la comida.

QUIZ 4 El perfecto

Contesta las siguientes preguntas diciendo que todavía no has hecho la actividad. Usa el perfecto del indicativo el pronombre del objeto directo apropiado.

1. ¿Escribiste la carta?

_____

2. ¿Abriste la puerta?

_____

3. ¿Viste el balón nuevo?

_____

4. ¿Terminaste con los problemas de química?

_____

5. ¿Preparaste la cena?

_____

> **Test Taking Strategy:** Remember to scan the test to get a sense of how much time you need to devote to each section.

ESCUCHAR ⦿⦿⦿⦿⦿⦿⦿⦿⦿⦿⦿⦿⦿⦿⦿⦿⦿⦿⦿⦿⦿⦿⦿⦿⦿⦿⦿

A. Carlos Ortega habla de su escuela, sus actividades, sus amigos y su novia. Escucha lo que dice y después indica cuál de las posibilidades completa mejor estas oraciones. **Strategy: Remember to associate pieces of information you hear with each of the people spoken about. Try to create a mental picture of the people you hear about.** (10 puntos)

1. Carlos Ortega es _____.

   a. profesor

   b. jugador de fútbol

   c. estudiante

   d. de estatura mediana

2. A Carlos le gusta el equipo de béisbol porque _____.

   a. no juega muy bien al béisbol

   b. su novia ha jugado mucho al béisbol

   c. siempre tiene tiempo para estudiar

   d. hay muchos chicos simpáticos

3. Pedro Villanueva es _____.

   a. el mejor amigo de Carlos

   b. el novio de Ana María Hernández

   c. profesor de matemáticas

   d. un estudiante malo

4. Ana María y Carlos _____.

   a. ya no son novios

   b. han discutido demasiado

   c. tienen mucho interés en el béisbol

   d. tienen pecas

5. Ana María _____.

   a. nunca ha asistido a un partido de béisbol porque no le interesa

   b. ha asistido a todos los partidos de béisbol que Carlos ha jugado

   c. ha venido a todas las clases de matemáticas este año

   d. ha ayudado a Carlos con la tarea de matemáticas

LECTURA Y CULTURA ⊡⊡⊡⊡⊡⊡⊡⊡⊡⊡⊡⊡⊡⊡⊡⊡⊡⊡⊡⊡⊡⊡⊡

Lee sobre la vida de Lidia Delgado Santamaría y completa las actividades que siguen.
Strategy: Remember to organize your work by answering the easy questions first so that you have more time to think about those questions that seem harder to you.

Lidia Delgado Santamaría es una chica de dieciocho años. Vive en el barrio colombiano de la ciudad de Filadelfia del estado de Pensilvania. Lidia nació en Filadelfia. Sus padres vinieron de Colombia a Estados Unidos después de casarse.

Muchos colombianos han abierto restaurantes, tiendas y oficinas en el barrio colombiano. Los padres de Lidia son dueños de una tienda de ropa. Han tenido mucho éxito con la tienda. Al principio, trabajaban ellos solos, pero ahora tienen tres dependientes. Uno de los dependientes, Fernando, es un primo de Lidia que quería venir a Estados Unidos a aprender inglés. Él trabaja en la tienda de día y después de la cena toma clases de inglés. Fernando es un muchacho inteligente y trabajador. Dice ahora que quiere abrir una agencia de viajes especializada en excursiones a Latinoamérica.

Los padres de Lidia siempre le han dicho que es importante estudiar y tener una carrera y Lidia les ha hecho caso. Este año se gradúa de la escuela secundaria y ya la han aceptado en la universidad. Ella quiere estudiar biología y después medicina. ¿Y quién sabe? A lo mejor puede abrir su consultorio en el barrio donde se crió.

Los padres de Lidia tienen un regalo muy bonito para ella. Este verano la van a mandar a Colombia a pasar dos meses con sus tíos, los padres de Fernando.

B. ¿Comprendiste? Según lo que leíste, indica si estas oraciones son ciertas (**C**) o falsas (**F**). (10 puntos)

C   F   **1.** Lidia Delgado Santamaría nació en Colombia.

C   F   **2.** La familia de Lidia vive en un barrio latino.

C   F   **3.** Los padres de Lidia trabajan solos en su tienda.

C   F   **4.** Fernando quiere hacer un viaje a Latinoamérica.

C   F   **5.** Lidia va a Colombia antes de empezar las clases en la universidad.

C. ¿Qué piensas? (10 puntos)

1. ¿Crees que es buena la idea de Fernando para la agencia de viajes? Explica.

_____

_____

2. ¿Crees que Lidia debe abrir un consultorio en su barrio? ¿Por qué?

_____

_____

VOCABULARIO Y GRAMÁTICA ⊚⊚⊚⊚⊚⊚⊚⊚⊚⊚⊚⊚⊚⊚⊚⊚⊚⊚

D. Completa la siguiente narración con la forma correcta de ser o estar. **Strategy: Remember to think of sentences you know with *ser* and *estar*. They should help you decide which verb to select for the sentences below.** (10 puntos)

1. Yo _____ de San Francisco. Mi casa _____ en una calle muy bonita.

2. Ahora _____ las ocho. _____ tarde. Tengo que ir a la escuela.

3. Mi escuela _____ en otro barrio. Por eso _____ corriendo.

4. Mi hermano menor no sale hasta las ocho y media. Él _____ desayunando.

5. Mi mamá _____ en la cocina. Ella _____ artista y trabaja en casa.

6. Todas las personas de mi familia _____ muy simpáticas.

E. El cumpleaños de Laura fue casi un desastre. Completa este párrafo con el pretérito o el imperfecto. (10 puntos)

Mi fiesta de cumpleaños fue un picnic en el parque. _____ (Ser) las 3:00

y mi mamá sacó el pastel. Justamente cuando yo _____ (ir) a cortarlo,

_____ (empezar) a llover. ¡Un aguacero! Pero mi mamá salvó el día. Ella

_____ (correr) con el pastel al coche y allí lo cortó y lo _____

(servir).

F. Estas personas no sabían que ciertas cosas habían pasado. Usa el imperfecto del verbo **saber** y el pluscuamperfecto *(past perfect)* del verbo indicado. (10 puntos)

1. yo / saber / ustedes / preparar la cena

_____

2. ellos / saber / nosotros / ver a José

_____

3. tú / saber / Marta / acostarse

_____

4. nosotros / saber / tú / salir

_____

5. mi amigo / saber / yo / abrir la puerta

_____

G. Usa las frases para completar las oraciones que siguen, explicando por qué las cosas son así. Usa el perfecto del indicativo *(present perfect)*. (10 puntos)

> perder el libro   desyerbar el jardín   sacar una buena nota en el examen
>
> pasar la aspiradora   comer la torta

1. Alfredo está cansado porque _____.

2. Los señores Salazar están enojados porque su hijo _____.

3. Cristina está contenta porque _____.

4. El cuarto está limpio porque Luis _____.

5. Akako no puede hacer la tarea porque _____.

ESCRITURA 〰〰〰〰〰〰〰〰〰〰〰〰〰〰〰〰〰〰〰

H. Acabas de conocer a dos estudiantes nuevos(as). Los (Las) dos te caen muy bien, pero son muy diferentes. En una hoja aparte, escribe un párrafo describiéndolos(las).

- Di cómo se llaman y dónde los (las) conociste.
- Di cómo son físicamente, cómo se ven.
- Habla de las diferencias de personalidad entre ellos o ellas.

Strategy: Remember to use the table to organize your ideas. (15 puntos)

	estudiante 1	estudiante 2
nombre		
dónde y cómo lo (la) conociste		
cómo se ve		
personalidad y carácter		

Writing Criteria	Scale	Writing Criteria	Scale	Writing Criteria	Scale
Vocabulary Usage	1 2 3 4 5	Accuracy	1 2 3 4 5	Organization	1 2 3 4 5

HABLAR 〰〰〰〰〰〰〰〰〰〰〰〰〰〰〰〰〰〰〰〰

Contesta las preguntas de tu profesor(a) sobre ti y tus amigos(as). Contesta con oraciones completas. **Strategy: Remember to concentrate on the verb tense used in the question in order to answer correctly.** (15 puntos)

1. ¿Qué querías ser cuando eras niño(a)?

2. ¿Quién es tu mejor amigo(a)? ¿Cómo es?

3. ¿Qué tienes en común con tu mejor amigo(a)?

4. ¿Has hecho toda la tarea para hoy? ¿Para qué materias?

5. ¿Cómo eras de niño(a)? ¿Alto(a)? ¿Simpático(a)?

Speaking Criteria	Scale	Speaking Criteria	Scale	Speaking Criteria	Scale
Vocabulary Usage	1 2 3 4 5	Accuracy	1 2 3 4 5	Organization	1 2 3 4 5

> **Test Taking Strategy:** Remember to scan the test to get a sense of how much time you need to devote to each section.

ESCUCHAR

A. Carlos Ortega habla de su escuela, sus actividades, sus amigos y su novia. Escucha lo que dice y después indica cuál de las posibilidades completa mejor estas oraciones. **Strategy: Remember to associate pieces of information you hear with each of the people spoken about. Try to create a mental picture of the people you hear about.** (10 puntos)

1. Carlos Ortega es _____.

   a. estudiante

   b. jugador de fútbol

   c. de estatura mediana

   d. profesor

2. A Carlos le gusta el equipo de béisbol porque _____.

   a. su novia ha jugado mucho al béisbol

   b. hay muchos chicos simpáticos

   c. siempre tiene tiempo para estudiar

   d. no juega muy bien al béisbol

3. Pedro Villanueva es _____.

   a. un estudiante malo

   b. profesor de matemáticas

   c. el novio de Ana María Hernández

   d. el mejor amigo de Carlos

4. Ana María y Carlos _____.

   a. tienen pecas

   b. han discutido demasiado

   c. ya no son novios

   d. tienen mucho interés en el béisbol

5. Ana María _____.

   a. ha ayudado a Carlos con la tarea de matemáticas

   b. ha venido a todas las clases de matemáticas este año

   c. ha asistido a todos los partidos de béisbol que Carlos ha jugado

   d. nunca ha asistido a un partido de béisbol porque no le interesa

LECTURA Y CULTURA 𝕔𝕔𝕔𝕔𝕔𝕔𝕔𝕔𝕔𝕔𝕔𝕔𝕔𝕔𝕔𝕔𝕔𝕔𝕔𝕔𝕔

Lee sobre la vida de Vera Sarmiento Díaz y completa las actividades que siguen.
Strategy: Remember to organize your work by answering the easy questions first so that you have more time to think about those questions that seem harder to you.

Vera Sarmiento Díaz es una chica de dieciocho años. Vive en el barrio colombiano de la ciudad de Filadelfia del estado de Pensilvania. Vera nació en Filadelfia. Sus padres vinieron de Colombia a Estados Unidos después de casarse.

Muchos colombianos han abierto restaurantes, tiendas y oficinas en el barrio colombiano. Los padres de Vera son dueños de una tienda de ropa. Han tenido mucho éxito con la tienda. Al principio, trabajaban ellos solos, pero ahora tienen tres dependientes. Uno de los dependientes, Ignacio, es un primo de Vera que quería venir a Estados Unidos a aprender inglés. Él trabaja en la tienda de día y después de la cena toma clases de inglés. Ignacio es un muchacho inteligente y trabajador. Dice ahora que quiere abrir una agencia de viajes especializada en excursiones a Latinoamérica.

Los padres de Vera siempre le han dicho que es importante estudiar y tener una carrera y Vera les ha hecho caso. Este año se gradúa de la escuela secundaria y ya la han aceptado en la universidad. Ella quiere estudiar biología y después medicina. ¿Y quién sabe? A lo mejor abrirá su consultorio en el barrio donde se crió.

Los padres de Vera tienen un regalo muy bonito para ella. Este verano la van a mandar a Colombia a pasar dos meses con sus tíos, los padres de Ignacio.

B. ¿Comprendiste? Según lo que leíste, indica si estas oraciones son ciertas (**C**) o falsas (**F**). (10 puntos)

C F **1.** La familia de Vera vive en un barrio latino.

C F **2.** Vera Sarmiento Díaz nació en Colombia.

C F **3.** Los padres de Vera trabajan solos en su tienda.

C F **4.** Ignacio quiere hacer un viaje a Latinoamérica.

C F **5.** Vera va a Colombia antes de empezar las clases en la universidad.

C. ¿Qué piensas? (10 puntos)

1. ¿Crees que Vera debe abrir un consultorio en su barrio? ¿Por qué?

_____

_____

2. ¿Crees que es buena la idea de Ignacio para la agencia de viajes? Explica.

_____

_____

Nombre _____ Clase _____ Fecha _____

VOCABULARIO Y GRAMÁTICA ⓪ⓓⓒⓓⓒⓓⓒⓓⓒⓓⓒⓓⓒⓓⓒⓓⓒⓓⓒⓓⓒ

D. Completa la siguiente narración con la forma correcta de ser o estar.
**Strategy: Remember to think of sentences you know with *ser* and *estar*. They
should help you decide which verb to select for the sentences below.** (10 puntos)

1. Todas las personas de mi familia _____ muy simpáticas.

2. Yo _____ de San Francisco. Mi casa _____ en una calle
   muy bonita.

3. Ahora _____ las ocho. _____ tarde. Tengo que ir a la
   escuela.

4. Mi escuela _____ en otro barrio. Por eso _____ corriendo.

5. Mi hermano menor no sale hasta las ocho y media. Él _____
   desayunando.

6. Mi mamá _____ en la cocina. Ella _____ artista y trabaja
   en casa.

E. El cumpleaños de Laura fue casi un desastre. Completa este párrafo con el pretérito
o el imperfecto. (10 puntos)

Mi fiesta de cumpleaños fue un picnic en el parque. _____ (Ser) las 3:00

y mi mamá sacó el pastel. Justamente cuando yo _____ (ir) a cortarlo,

_____ (empezar) a llover. ¡Un aguacero! Pero mi mamá salvó el día. Ella

_____ (correr) con el pastel al coche y allí lo cortó y lo _____

(servir).

F. Estas personas no sabían que ciertas cosas habían pasado. Usa el imperfecto del verbo **saber** y el pluscuamperfecto *(past perfect)* del verbo indicado. (10 puntos)

1. mi amigo / saber / yo / abrir la puerta

_____

2. yo / saber / ustedes / hacer la cena

_____

3. tú / saber / Marta / acostarse

_____

4. ellos / saber / nosotros / ver a José

_____

5. nosotros / saber / tú / salir

_____

G. Usa las frases para completar las oraciones que siguen, explicando por qué las cosas son así. Usa el perfecto del indicativo *(present perfect)*. (10 puntos)

perder el libro   desyerbar el jardín   sacar una buena nota en el examen
pasar la aspiradora   comer la torta

1. Makiko no puede hacer la tarea porque _____.

2. El cuarto está limpio porque Pepe _____.

3. Los señores Coronel están enojados porque su hijo _____.

4. Mercedes está contenta porque _____.

5. Ricardo está cansado porque _____.

ESCRITURA ⟰⟰⟰⟰⟰⟰⟰⟰⟰⟰⟰⟰⟰⟰⟰⟰⟰⟰⟰⟰⟰⟰⟰⟰⟰⟰⟰⟰

H. Acabas de conocer a dos estudiantes nuevos(as). Los (Las) dos te caen muy bien, pero son muy diferentes. En una hoja aparte, escribe un párrafo describiéndolos(las).

- Di cómo se llaman y dónde los (las) conociste.
- Di cómo son físicamente, cómo se ven.
- Habla de las diferencias de personalidad entre ellos o ellas.

Strategy: Remember to use the table to organize your ideas. (15 puntos)

	estudiante 1	estudiante 2
nombre		
dónde y cómo lo (la) conociste		
cómo se ve		
personalidad y carácter		

Writing Criteria	Scale	Writing Criteria	Scale	Writing Criteria	Scale
Vocabulary Usage	1 2 3 4 5	Accuracy	1 2 3 4 5	Organization	1 2 3 4 5

HABLAR ⟰⟰⟰⟰⟰⟰⟰⟰⟰⟰⟰⟰⟰⟰⟰⟰⟰⟰⟰⟰⟰⟰⟰⟰⟰⟰⟰⟰⟰

Contesta las preguntas de tu profesor(a) sobre ti y tus amigos. Contesta con oraciones completas. **Strategy: Remember to listen carefully to each question. Concentrate on the verb tense used in the question in order to answer correctly.** (15 puntos)

1. ¿Qué querías ser cuando eras niño(a)?

2. ¿Quién es tu mejor amigo(a)? ¿Cómo es?

3. ¿Qué tienes en común con tu mejor amigo(a)?

4. ¿Has hecho toda la tarea para hoy? ¿Para qué materias?

5. ¿Cómo eras de niño(a)? ¿Alto(a)? ¿Simpático(a)?

Speaking Criteria	Scale	Speaking Criteria	Scale	Speaking Criteria	Scale
Vocabulary Usage	1 2 3 4 5	Accuracy	1 2 3 4 5	Organization	1 2 3 4 5

Test-Taking Strategy: Remember to scan the test to get a sense of how much time you need to devote to each section.

ESCUCHAR

A. Carlos Ortega habla de su escuela, sus actividades, sus amigos y su novia. Escucha lo que dice y después indica cuál de las posibilidades completa mejor estas oraciones. **Strategy: Remember to associate pieces of information you hear with each of the people spoken about. Try to create a mental picture of the people you hear about.** (10 puntos)

1. ¿Quién es Carlos Ortega?

_____

_____

2. ¿Por qué le gusta a Carlos el equipo de béisbol?

_____

_____

3. ¿Quién es Pedro Villanueva?

_____

_____

4. ¿Cuándo empezaron a salir Carlos y Ana María?

_____

_____

5. ¿Qué tienen en común Carlos y Ana María?

_____

_____

LECTURA Y CULTURA ⓪ⓞⓞⓞⓞⓞⓞⓞⓞⓞⓞⓞⓞⓞⓞⓞⓞⓞⓞⓞⓞⓞⓞ

Lee sobre la vida de Alicia Martínez Lara y completa las actividades que siguen.
Strategy: Remember to organize your work by answering the easy questions first so that you have more time to think about those questions that seem harder to you.

Me llamo Alicia Martínez Lara y vivo en Nueva York. En mi barrio vive gente de todas partes de Sudamérica. Mis padres son de Ecuador, de la ciudad de Riobamba. Emigraron a Estados Unidos poco después de casarse y yo nací en Nueva York. Según me cuentan mis papás, la vida en Estados Unidos fue bastante difícil al principio. Mi padre tuvo dificultad en conseguir empleo porque no hablaba inglés, pero por fin consiguió un puesto en un taller de automóviles en un barrio donde los clientes hablaban español. El trabajo fue muy duro y a veces mis papás pensaban en volver a Ecuador.

Mis padres, sin embargo, decidieron quedarse. Mi padre estudió inglés por la noche. También ahorraron dinero para abrir un restaurante de comida latinoamericana. El primer restaurante fue pequeño, pero ahora tienen un restaurante con ocho camareros y cuarenta mesas. ¡Y varios periódicos de Nueva York han publicado artículos sobre el restaurante!

Yo ayudo a veces en el restaurante, pero mis padres prefieren que me dedique a mis estudios. Ahora me gradúo de la escuela secundaria y el año que viene voy a estudiar en la Universidad de Columbia de Nueva York. ¡Qué orgullo sienten mis padres! ¡Y qué entusiasmada estoy yo!

B. **¿Comprendiste?** Según lo que leíste, indica si estas oraciones son ciertas (**C**) o falsas (**F**). (10 puntos)

C   F   **1.** Alicia Martínez Lara nació en Riobamba, Ecuador.

C   F   **2.** Ella y su familia tienen ganas de volver a Ecuador.

C   F   **3.** El padre de Alicia superó muchos obstáculos para triunfar en Estados Unidos.

C   F   **4.** Los padres de Alicia sienten mucho orgullo porque su hija quiere seguir ayudándolos en el restaurante.

C   F   **5.** A Alicia ya la han aceptado en una universidad que está en Nueva York.

C. **¿Qué piensas?** (10 puntos)

¿Crees que la vida de los Martínez es típica de la experiencia inmigrante? Explica.

_____

_____

VOCABULARIO Y GRAMÁTICA ⓒⓞⓒⓞⓒⓞⓒⓞⓒⓞⓒⓞⓒⓞⓒⓞ

D. Completa la siguiente narración con la forma correcta de ser o estar.
Strategy: Remember to think of sentences you know with *ser* and *estar*. They should help you decide which verb to select for the sentences below. (10 puntos)

1. Yo _____ de San Francisco. Mi casa _____ en una calle muy bonita.

2. Ahora _____ las ocho. _____ tarde. Tengo que ir a la escuela.

3. Mi escuela _____ en otro barrio. Por eso _____ corriendo.

4. Mi hermano menor no sale hasta las ocho y media. Él _____ desayunando.

5. Mi mamá _____ en la cocina. Ella _____ artista y trabaja en casa.

6. Todas las personas de mi familia _____ muy simpáticas.

E. El cumpleaños de Laura fue casi un desastre. Completa este párrafo con el pretérito o el imperfecto. (10 puntos)

Mi fiesta de cumpleaños _____ (ser) un picnic en el parque. Fue a las 3:00 y mi mamá sacó el pastel. En el momento en que yo _____ (ir) a cortarlo, _____ (empezar) a llover. ¡Un aguacero! Pero mi mamá salvó el día. Ella _____ (correr) con el pastel al coche y allí lo cortó y lo _____ (servir).

Nombre _____ Clase _____ Fecha _____

F. Estas personas no sabían que ciertas cosas habían pasado. Usa el imperfecto del verbo **saber** y el pluscuamperfecto *(past perfect)* del verbo indicado. (10 puntos)

1. yo / saber / ustedes / hacer la cena

_____

2. ellos / saber / nosotros / ver a José

_____

3. tú / saber / Marta / acostarse

_____

4. nosotros / saber / tú / volver

_____

5. mi amigo / saber / yo / abrir la puerta

_____

G. Usa las frases para explicar cómo se sienten las personas y por qué. Usa el perfecto del indicativo para expresar el sentimiento. (10 puntos)

perder el libro   desyerbar   sacar una buena
                       el jardín   nota en el examen
      pasar la   comer la torta
      aspiradora

1. César (cansado) _____.

2. Los señores Gasque (enojado) _____.

3. Crista (nervioso) _____.

4. Martín (frustrado) _____.

5. Corrado (contento) _____.

ESCRITURA ⟳⟳⟳⟳⟳⟳⟳⟳⟳⟳⟳⟳⟳⟳⟳⟳⟳⟳⟳⟳⟳⟳⟳⟳⟳⟳⟳⟳⟳⟳

H. Acabas de conocer a dos estudiantes nuevos(as). Los (Las) dos te caen muy bien, pero son muy diferentes. En una hoja aparte, escribe un párrafo describiéndolos(las).

- Di cómo se llaman y dónde los (las) conociste.
- Di cómo son físicamente o cómo se ven.
- Habla de las diferencias de personalidad entre ellos o ellas.

Strategy: Remember to use the table to organize your ideas. (15 puntos)

	estudiante 1	estudiante 2
nombre		
dónde y cómo lo (la) conociste		
cómo se ve		
personalidad y carácter		

Writing Criteria	Scale	Writing Criteria	Scale	Writing Criteria	Scale
Vocabulary Usage	1 2 3 4 5	Accuracy	1 2 3 4 5	Organization	1 2 3 4 5

HABLAR ⟳⟳⟳⟳⟳⟳⟳⟳⟳⟳⟳⟳⟳⟳⟳⟳⟳⟳⟳⟳⟳⟳⟳⟳⟳⟳⟳⟳⟳⟳⟳

Contesta las preguntas de tu profesor(a) sobre ti y tus amigos. Contesta con oraciones completas. **Strategy: Remember to listen carefully and to concentrate on the verb tense used in the question in order to answer correctly.** (15 puntos)

1. ¿Qué querías ser cuando eras niño(a)?

2. ¿Quién es tu mejor amigo(a)? ¿Cómo es?

3. ¿Qué tienes en común con tu mejor amigo(a)?

4. ¿Has hecho toda la tarea para hoy? ¿Para qué materias?

5. ¿Cómo eras de niño(a)? ¿Alto(a)? ¿Simpático(a)?

Speaking Criteria	Scale	Speaking Criteria	Scale	Speaking Criteria	Scale
Vocabulary Usage	1 2 3 4 5	Accuracy	1 2 3 4 5	Organization	1 2 3 4 5

PORTFOLIO ASSESSMENT ⓒⓓⓒⓓⓒⓓⓒⓓⓒⓓⓒⓓⓒⓓⓒⓓⓒⓓⓒⓓ

1 Role-Play

Working in groups of 3 or 4, organize an actors' agency. Prepare a videotape of your friends disguised as actors in different roles. The tape will include a description of the actor, that person's special talents, such as singing or dancing or multilingual ability. You can have the actors appear in different disguises on the tape. Use the vocabulary and grammar of the etapa and create interesting personalities.

Goal: A videotape of your agency's talent, as well as a photo album of the actors that you can show to directors in search of actors. Include a written description of the actors and their specialties with each photo, and put the videotape, photo album, and written descriptions in your portfolio.

Scoring:

Criteria/Scale 1–4	(1)	Poor	(2)	Fair	(3)	Good	(4)	Excellent
Diction	1	Pronunciation errors interfered with comprehension	2	Some serious pronunciation errors	3	Pronunciation good, accurate, comprehensible	4	Near perfect diction
Vocabulary	1	Limited vocabulary use	2	Some attempt to use known vocabulary	3	Good use of vocabulary	4	Excellent use of vocabulary
Grammar	1	Errors prevent comprehension	2	Some grammar errors throughout	3	Good use of grammar	4	Excellent use of grammar
Preparation	1	Not prepared	2	Somewhat prepared	3	Well prepared	4	Very well prepared

A = 13–16 pts.   B = 10–12 pts.   C = 7–9 pts.   D = 4–6 pts.   F = < 4 pts.

Total Score: _____

Comments: _____

_____

_____

_____

_____

_____

_____

_____

2 Guessing Game

Collect childhood pictures of some of your friends and classmates. Write a short description of the child, what he or she liked to do then, and a detailed description of the person now. Present these pages to the class and see if the class can guess who the person is.

Goal: An album of at least 6 photos with detailed descriptions under each.

Scoring:

Criteria/Scale 1–4	(1)	Poor	(2)	Fair	(3)	Good	(4)	Excellent
Coherence of description	1	Descriptions difficult to follow	2	Some serious problems in descriptions making comprehension difficult	3	Descriptions well thought out and easy to follow	4	Excellent, thought provoking descriptions that engaged students
Vocabulary	1	Limited vocabulary use	2	Some attempt to use known vocabulary	3	Good use of vocabulary	4	Excellent use of vocabulary
Grammar	1	Errors prevent comprehension	2	Some grammar errors throughout	3	Good use of grammar	4	Excellent use of grammar
Preparation	1	Not prepared	2	Somewhat prepared	3	Well prepared	4	Very well prepared

A = 13–16 pts.   B = 10–12 pts.   C = 7–9 pts.   D = 4–6 pts.   F = < 4pts.

Total Score: _____

Comments: _____

_____

_____

_____

_____

_____

_____

_____

_____

_____

_____

ESCUCHAR ⊚⊚⊚⊚⊚⊚⊚⊚⊚⊚⊚⊚⊚⊚⊚⊚⊚⊚⊚⊚⊚⊚⊚⊚⊚⊚

¿Qué necesitan?

Tus amigos necesitan varias cosas. Escucha lo que dicen y escoge el objeto que
necesitan.

1. **a.** billetera
   b. medalla
   c. <u>sudaderas</u>
2. **a.** monedero
   b. bolso
   c. pendientes
3. **a.** <u>bolso</u>
   b. billetera
   c. llavero
4. **a.** prendedor
   b. <u>llavero</u>
   c. monedero
5. **a.** <u>monedero</u>
   b. billetera
   c. cadena

2 Verónica, la crítica

Tu amiga Verónica cree que es crítica de la moda. Siempre critica el vestuario de sus
amigos. Escucha sus comentarios y completa las oraciones con la descripción del
artículo de ropa que critica.

1. María lleva una falda de _color brillante_____.

2. Juancho lleva una chaqueta de _cuero_____.

3. Mireya lleva un vestido _estampado_____.

4. Ricardo lleva una camisa de _poliéster_____.

5. Sonia lleva una blusa de _lunares_____.

6. Ernesto lleva unos pantalones de _seda_____.

ACTIVIDAD 3 Comentarios

Mira los dibujos de unos chicos en tu colegio. Escucha los comentarios de varias personas sobre su vestuario. Di si el comentario es **cierto** o **falso,** según el dibujo.

Bill

Evadina

Brendan

Inés

Hernán

1. _____ (Cierto / Falso)

2. _____ (Cierto / Falso)

3. _____ (Cierto / Falso)

4. _____ (Cierto / Falso)

5. _____ (Cierto / Falso)

ACTIVIDAD 4 El desfile de modas

Un crítico describe el vestuario de cuatro modelos que desfilan en la televisión. Escribe una oración completa para cada modelo mencionando por lo menos tres características de la ropa que llevan.

1. Cindy Chávez lleva una falda de color brillante, una chaqueta de cuero y unos pendientes de oro.

   _____

2. Miguel Johnson lleva unos pantalones de seda negros, un chaleco negro y una camisa estampada.

   _____

3. Kate Martínez lleva unos pantalones oscuros, una blusa de lunares y una chaqueta con fleco.

   _____

4. Gustavo González lleva un traje de color claro, una camisa de algodón y una medalla de plata.

   _____

VOCABULARIO ⫷⫸⫷⫸⫷⫸⫷⫸⫷⫸⫷⫸⫷⫸⫷⫸⫷⫸⫷⫸⫷⫸⫷⫸

5 La intrusa

En cada serie de palabras, hay una que no pertenece al grupo. Escribe la palabra que es «la intrusa».

1. algodón, lana, seda, temporada <u>temporada</u>

2. ancho, lentejuela, apretado, flojo <u>lentejuela</u>

3. brillante, claro, mezclilla, oscuro <u>mezclilla</u>

4. lunares, bolso, estampado, rayas <u>bolso</u>

5. medalla, pendientes, prendedor, poliéster <u>poliéster</u>

6. estrecho, billetera, monedero, llavero <u>estrecho</u>

6 Opiniones

Todos tienen opiniones diferentes sobre la moda. Completa los comentarios de varias personas. Escoge el par de palabras o frases de la lista que le dé más sentido a cada oración.

> hace juego con/cae mal   poliéster/horrible   sencilla, de un solo color
>
> apretados/incómodos   lana/algodón   cómoda/floja   colores oscuros/colores claros

1. «Detesto el <u>poliéster</u>. Creo que es <u>horrible</u>».

2. «Me gusta andar <u>cómoda</u>. Por eso siempre llevo la ropa <u>floja</u>».

3. «Yo creo que esa blusa de lunares no <u>hace juego con</u> esos pantalones de rayas. Me <u>cae mal</u>».

4. «Estos pantalones me quedan <u>apretados</u>. Son muy <u>incómodos</u>».

5. «A mí hermana le gustan los <u>colores oscuros</u>, como el negro y el marrón. A mí me

   gustan los <u>colores claros</u>, como el amarillo y el azul celeste».

6. «Le gusta vestir en ropa <u>sencilla</u>, <u>de un solo color</u>».

ACTIVIDAD 7 ¿Qué les gusta hacer?

Escribe una oración que describe actividades que les gusta hacer a tus amigos. En tu oración, explica cuándo les gusta hacer esas actividades.

modelo: A mi amigo(a) Serafín le gusta acampar en el verano.

Answers will vary. Sample answers:

1. A mi amigo(a)...le gusta esquiar en el agua en la tarde.

2. A mi amigo(a)...le gusta navegar en tabla de vela los domingos.

3. A mi amigo(a)...le gusta navegar por Internet por la noche.

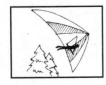

4. A mi amigo(a)...le gusta volar en planeador en la primavera.

ACTIVIDAD 8 El verano pasado

¿Qué te gusta hacer a ti? Describe alguna actividad que hiciste el verano pasado. Escribe un párrafo con todo el detalle que puedas. ¿Qué hiciste? ¿Con quiénes lo hiciste? ¿Qué te gustó o no te gustó? ¿Lo harías otra vez? ¿Te divertiste? ¿Se divirtieron tus amigos?

modelo: El verano pasado, fui a un campamento con unos amigos. Allí, pudimos...

_____

_____

_____

_____

_____

GRAMÁTICA: VERBS LIKE *gustar* 🔲🔲🔲🔲🔲🔲🔲🔲🔲🔲🔲🔲

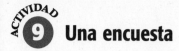

ACTIVIDAD 9 Una encuesta

Delia hizo una encuesta sobre la moda en su clase de español. Éstos son los resultados.
Subraya la frase correcta para cada uno de sus resultados.

1. A mí (me gusta/<u>me gustan</u>) los pendientes de oro.

2. A Rosario (<u>le gusta</u>/le gustan) la ropa moderna.

3. A ti (te gusta/<u>te gustan</u>) las sudaderas de algodón.

4. A Luz y Nicolás (les gusta/<u>les gustan</u>) los colores brillantes.

5. A nosotros (<u>nos gusta</u>/nos gustan) el vestuario de la profesora.

6. A Martín y Mario (<u>les gusta</u>/les gustan) la ropa comóda.

7. A Ángel (le gusta/<u>le gustan</u>) los pantalones de mezclilla.

ACTIVIDAD 10 ¿Bien o mal?

¿Crees que el artículo de ropa o el accessorio le queda bien o mal a la persona
mencionada? Da tu opinión.

modelo: yo (chaqueta) <u>La chaqueta me queda bien.</u> o <u>La chaqueta me queda mal.</u>

1. yo (zapatos) <u>Los zapatos me quedan bien. / Los zapatos me quedan mal.</u>

2. tú (blusa) <u>La blusa te queda bien. / La blusa te queda mal.</u>

3. a los futbolistas (uniforme) <u>El uniforme les queda bien a los futbolistas. / El uniforme</u>
   <u>les queda mal a los futbolistas.</u>

4. a Gregorio (chaleco) <u>El chaleco le queda bien a Gregorio. / El chaleco le queda mal a</u>
   <u>Gregorio.</u>

5. a Bárbara (sudaderas) <u>Las sudaderas le quedan bien a Bárbara. / Las sudaderas le</u>
   <u>quedan mal a Bárbara.</u>

6. a Cynthia y a Clara (botas) <u>Las botas les quedan bien a Cynthia y a Clara. / Las botas</u>
   <u>les quedan mal a Cynthia y a Clara.</u>

7. tú (pendientes) <u>Los pendientes te quedan bien. / Los pendientes te quedan mal.</u>

GRAMÁTICA: VERBS LIKE *gustar*

 ACTIVIDAD 11 ¡Comida!

¿A quién no le encanta la comida? Sin embargo, todos tienen gustos diferentes. Di a quién le gusta qué tipo de comida.

modelo: a mí: tortillas mexicanas <u>Me encantan las tortillas mexicanas.</u>

1. a mí: tortilla española

   Me encanta la tortilla española.

2. a ti: pollo asado

   Te encanta el pollo asado.

3. a mi papá: chiles verdes

   Le encantan los chiles verdes.

4. a mis hermanos y a mí: comida puertorriqueña

   Nos encanta la comida puertorriqueña.

5. a mis primos: frijoles negros

   Les encantan los frijoles negros.

ACTIVIDAD 12 ¡Nos fascina!

Gerardo describe los gustos de varias personas. ¿Qué dice Gerardo?

modelo: a usted: fascinar (la ficción méxicoamericana)
   <u>A usted le fascina la ficción méxicoamericana.</u>

1. a mí: interesar (la poesía cubanoamericana)

   A mí me interesa la poesía cubanoamericana.

2. a usted: fascinar (el arte moderno)

   A usted le fascina el arte moderno.

3. a ti: gustar (la música rock)

   A ti te gusta la música rock.

4. a mi abuela: molestar (el ruido de la la televisión)

   A mi abuela le molesta el ruido de la televisión.

5. a nosotros: importar (los estudios)

   A nosotros nos importan los estudios.

6. a mis primos: encantar (las artes marciales)

   A mis primos les encantan las artes marciales.

¿Sabes?

¿Sabes lo que les encanta, fascina, molesta, interesa o importa a tus amigos y familiares? Escribe por lo menos cinco oraciones que describan los intereses de ellos. Usa las ideas de la lista, o si prefieres, usa tus propias ideas.

yo	encantar	los deportes
tú	fascinar	la música…
mi amigo(a)…	molestar	el arte
mis amigos(as)…	interesar	los estudios…
usted	importar	la vida social
ustedes		
nosotros		

1. Answers will vary. _____

2. _____

3. _____

4. _____

5. _____

6. _____

7. _____

GRAMÁTICA: REVIEW OF *por* AND *para*

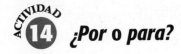

ACTIVIDAD 14 ¿Por o para?

Subraya la perposicion Que mejor completa cada oracion.

1. Caminamos (<u>por</u> / para) horas hasta llegar al albergue.

2. El hurácan pasó (<u>por</u> / para) el este del estado.

3. Tengo que terminar el trabajo (<u>por</u> / para) el este del estado.

4. A mí me da miedo viajar (<u>por</u> / para) avión.

5. Cuando conocí al hombre misterioso, iba (por / <u>para</u>) Matamoros.

ACTIVIDAD 15 ¿Por qué?

Escribe una oración con **por** o **para** conforme a cada una de las siguentes reglas.

Por	Para
passing through	for whom somthing is done
general, unspecified location	destination
how long something lasts	purpose for doing something
the cause of something	to express an opinion
an exchange	contrast or compare
means of transportation	a deadline

1. Answers will vary. _____

2. _____

3. _____

4. _____

5. _____

6. _____

7. _____

8. _____

9. _____

10. _____

11. _____

12. _____

GRAMÁTICA: REVIEW: FUTURE TENSE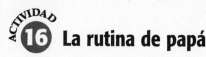

ACTIVIDAD 16 La rutina de papá

Tu papá tiene una rutina muy fija. Un primo está de visita y le explicas qué hara tu papá mañana, como siempre.

modelo: despertarse a las seis <u>Se despertará a las seis.</u>

1. leer el periódico en la cama por media hora

   Leerá el periódico en la cama por media hora.

2. levantarse de la cama a las seis

   Se levantará de la cama a las seis.

3. tomarse una taza de café

   Se tomará una taza de café.

4. ducharse a las siete

   Se duchará a las siete.

5. afeitarse después de la ducha

   Se afeitará después de la ducha.

ACTIVIDAD 17 ¡Hay mucho que hacer!

Nadie ha hecho lo que tenía que hacer. Di que mañana lo harán.

modelo: Tú no has limpiado tu cuarto. <u>Limpiarás tu cuarto mañana.</u>

1. Yo no he hecho la tarea.

   Haré la tarea mañana.

2. Mi hermano no ha terminado los quehaceres.

   Terminará los quehaceres mañana.

3. Mi hermana no ha leído la lección de gramática.

   Leerá la lección de gramática mañana.

4. Usted no ha salido de la casa en dos días.

   Saldrá de la casa mañana.

5. Mis hermanos no han tenido tiempo para sus estudios.

   Tendrán tiempo para sus estudios mañana.

GRAMÁTICA: FUTURE OF PROBABILITY

18 Las compras de tu hermana

Tu hermanito(a) siempre te hace muchas preguntas. Hoy quiere saber muchas cosas sobre las compras de tu hermana. ¿Qué te pregunta y cómo le contestas?

modelo: ir de compras todo el día
  Hermanito(a): Irá de compras todo el día?
        Tú: No sé si irá de compras todo el día.

1. comprar el vestido de algodón o el vestido de seda

   —¿Comprará el vestido de algodón o el vestido de seda?

   —No sé si comprará el vestido de algodón o el vestido de seda.

2. tener suficiente dinero para comprar el vestido de seda

   —¿Tendrá suficiente dinero para comprar el vestido de seda?

   —No sé si tendrá suficiente dinero para comprar el vestido de seda

3. pedir dinero a mamá

   —¿Le pedirá dinero a mamá?>

   —No sé si le pedirá dinero a mamá.

4. ponerse el vestido para el baile del sábado

   —¿Se pondrá el vestido para el baile del sábado?

   —No sé si se pondrá el vestido para el baile del sábado

19 ¿Piensas que sí?

Escribe seis preguntas que les harias a Tus compañeros usando el futuro de probabilidad. Answers will vary. Possible questions:

modelo: ¿Nos dará un examen hoy la profesora de historia?

1. ¿Sacaré una buena nota en el examen?

2. ¿Lloverá por la tarde?

3. ¿Traerán sus discos compactos a la clase?

4. ¿Podrán ir con nosotros al cine?

5. ¿Vendrás a estudiar en mi casa esta noche?

6. ¿Iremos de excursión?

ESCUCHAR

 1 **¡A pronunciar y a dividir en sílabas!**

Escucha las palabras, después pronuncia cada una. De acuerdo a las reglas que siguen, divide cada palabra en sílabas.

Regla N° 3. La **f** y la **r** y la **c** y la **h** siempre forman una sílaba con la vocal que sigue. Esta sílaba no se puede dividir.

1. fri-jol
2. su-frir
3. fres-cu-ra
4. a-zu-fre
5. fro-tar
6. fras-co

7. chi-no
8. ma-cha-ca
9. le-che
10. chan-cho
11. che-que-ra

 2 **¡Romper palabras y respetar la s!**

Divide las palabras que escuches, en sílabas. Lee la siguiente regla y ten cuidado con la **s**.

Regla N° 4. La S siempre comienza o termina una sílaba.

anestesia	sismo
despedir	español
usted	pasta
estrella	presentar

1. a-nes-te-sia
2. des-pe-dir
3. us-ted
4. es-tre-lla

5. sis-mo
6. es-pa-ñol
7. pas-ta
8. pre-sen-tar

Unidad 1 Etapa 2 · CUADERNO Para hispanohablantes

LECTURA ⟳⟳⟳⟳⟳⟳⟳⟳⟳⟳⟳⟳⟳⟳⟳⟳⟳⟳⟳⟳⟳⟳⟳⟳⟳

ACTIVIDAD 3 Para leer y disfrutar

Imagina que vas a renovar tu casa, pero no puedes gastar mucho. Lee y luego escribe las cosas que quieres tener en tu casa y lo que necesitas para la renovación en una hoja aparte.

Renovar con estilo

Algunos espacios de la casa requieren más renovación que otros. A veces, cambiar ciertos muebles de lugar le da a una habitación el efecto deseado. Antes de contratar un(a) di señor(a) y agotar el presupuesto, estudie las posibilidades con las cosas que tiene. Arréglelas de distinta manera y vuélvalas a arreglar. Uno no se da cuenta de cómo lucen las cosas en ciertos lugares hasta que no las ve en esos lugares. Invente y combine, tanto colores como estilos y se sorprenderá de todo lo que puede lograr con lo que ya tiene.

Cuando necesite comprar algo, busque en lugares de antigüedades, compare precios y vaya a ventas de garajes donde se encuentran cosas muy buenas a precios baratos. Recuerde que lo que alguien desperdicia puede ser un tesoro para otra persona con habilidad y buen gusto.

Por último, pregúntese cuáles son sus colores favoritos y combínelos de manera que hagan contraste con los muebles sin que resulten demasiado chillones. ¡Buena suerte!

ACTIVIDAD 4 ¿Comprendiste?

Después de leer con cuidado la selección anterior, contesta las siguientes preguntas.

1. ¿Qué se debe hacer antes de gastar mucho dinero en la decoración?

Answers will vary.   Estudiar las posibilidades con las cosas que uno ya tiene.

2. ¿Cuándo se da cuenta una persona de cómo luce una cosa?

Cuando la pone en otro lugar.

3. ¿Cómo se puede sorprender a alguien con lo que ya tiene?

Buscar en lugares de antigüedades y ventas de garajes.

4. ¿Qué es lo útimo que se debe hacer?

Preguntarse uno mismo cuáles son los colores favoritos y combinarlos.

GRAMÁTICA: VERBOS COMO *gustar*

ACTIVIDAD 5 Preferencias

Termina las oraciones con la forma apropiada del verbo entre paréntesis.

1. (gustar) A mí ____me gustan____ las cosas bien hechas.

2. (asustar) Lo ruidos fuertes ____asustan____ a mi perro.

3. (encantar) Nos ____encanta____ ir de paseo al campo.

4. (interesar) Al profesor le ____interesa____ que los estudiantes aprendan.

5. (disgustar) No es que me ____disguste____ su actitud, es que está equivocado.

ACTIVIDAD 6 La vida personal

Contesta las siguientes preguntas con la frase entre paréntesis.

modelo: ¿Qué quisieras comer esta noche? (gustar paella)
<u>Me gustaría comer paella.</u>

1. ¿Te gustaría ir a escalar montañas? (encantar/con mis amigos)

   Me encantaría ir a escalar montañas con mis amigos.

2. ¿Qué clase prefieres, ciencia o literatura? (gustar/la literatura/más)

   Me gusta más la literatura.

3. ¿Por que te portas mal? (Enojar/tu comportamiento)

   Me enoja tu comportamiento.

4. ¿Necesitas dinero para comprar los libros? (Faltar/$10.00)

   Me faltan $10.00.

5. ¿Qué hacen en el tiempo libre? (fascinar/jugar al)

   Nos fascina jugar al ajedrez.

ACTIVIDAD 7 Los gustos de mi familia

Contesta las siguientes preguntas de forma afirmativa.

1. ¿ _____ a tus padres leer cuentos con la familia?

   Sí, a mis padres les gusta leer cuentos con la familia.

2. ¿ _____ la película de los extraterrestres?

   Sí, me gustó la pelicula de los extraterrestres.

3. ¿ _____ a tus hermanas ir de compras?

   Sí, a mis hermanas les gusta ir de compras.

4. ¿ _____ a mi primo Ramón los bizcochos que hace tu mamá?

   Sí, a Ramón le gustan los bizcochos que hace mi mamá.

5. ¿ _____ a mí tío viajar en primera clase en los aviones?

   Sí, a mí tío le gusta viajar en primera clase.

6. ¿ _____ a mis hermanos salir de paseo mañana por la noche?

   Sí, a mis hermanos les gusta salir de paso por la noche.

ACTIVIDAD 8 Sigue con gusto

Contesta las siguientes preguntas de forma negativa conforme a la pista entre paréntesis.

1. ¿Te gusta leer biografías? (preferir historias)

   No, prefiero leer historias.

2. ¿Te gustó mucho la película? (asustar mucho)

   No, me asustó mucho.

3. ¿Les gusta pasar tiempo en las montañas? (porque / encantar la playa)

   No, porque les encanta la playa.

4. ¿Les falta sal a las galletas? (faltar azúcar)

   No, les falta azúcar.

5. ¿Por qué no compran ropa? ¿No les gustan los estilos? (sorprender precios)

   No, les sorprenden los precios.

ACTIVIDAD 9 Tus preferencias

Usa los siguientes verbos para decirles a tus amigos lo que de veras te gusta.

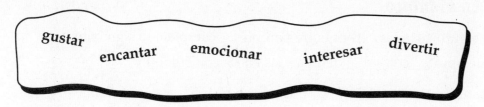

gustar   encantar   emocionar   interesar   divertir

modelo: (interesar) el medio ambiente
Me interesa el medio ambiente.

1. la música de Tito Puente

  Answers will vary. _____

2. los viajes a las ruinas indias

  _____

3. la comida mexicana

  _____

4. la conversación con compaños

  _____

5. el estudio de culturas antiguas

  _____

ACTIVIDAD 10 La salud

Completa el párrafo siguiente con **por** o **para** y te enterarás de cosas curiosas.

Los médicos han dicho que el brécol es bueno **1.** ___para___ prevenir el cáncer. Las

personas deben comerlo **2.** ___para___ evitar esa enfermedad maligna. A veces,

3. ___por___ descuido, no se comen suficientes verduras. **4.** ___Por___ mucho

que se hable de lo que es saludable, la gente ignora aquellas cosas que pueden ayudar.

5. ___Para___ mí es importante saber **6.** ___para___ qué sirven las medicinas, pero

prefiero comer más verduras porque no son dañinas como algunas medicinas.

7. ___Para___ evitar enfermarnos demasiado temprano en la vida, debemos prestar

más atención a nuestra salud. A veces no queremos leer información médica

8. ___por___ temor a enterarnos de cosas desagradables.

GRAMÁTICA: TIEMPO FUTURO

ACTIVIDAD 11 En el futuro

Usando el futuro de los verbos entre paréntesis, completa lo siguiente.

1. Yo siempre ___cruzaré___ (cruzar) las calles con cuidado.

2. Nosotros nunca ___jugaremos___ (jugar) con fósforos. Es peligroso.

3. Ustedes son honestos. Por eso siempre ___dirán___ (decir) la verdad.

4. Él ___tendrá___ (tener) dos horas para encontar la salida.

5. Yo ___llegaré___ (llegar) a tiempo porque es mi deber.

6. ¡Qué muchas cosas tienes! No sé si ___cabrá___ (caber) todo en la maleta.

7. Está nublado. Parece que ___lloverá___ (llover) toda la noche.

ACTIVIDAD 12 Un cambio

Cambia la forma **ir a** + **el infinitivo** por el futuro.

modelo: Vamos a ver la función esta noche.
          <u>Veremos la función esta noche.</u>

1. Joaquín va a estudiar para dentista. ___estudiará___

2. Mi amigo va a cantar en la verbena. ___cantará___

3. Mis abuelos van a salir de viaje la semana que viene. ___saldrán___

4. Nosotros vamos a alquilar el equipo de buceo en el Caribe. ___alquilaremos___

5. Dicen que van a gastar mucho dinero en la casa nueva. ___gastarán___

ACTIVIDAD
13 **El mes que viene**

Escoge el verbo correcto y completa las siguientes oraciones.

> visitar   graduar   ir   comer   reunir

El mes que viene _____iré_____ a la fiesta de Alberto.

El mes que viene _comeremos_ en El Jarro de Arturo en San Antonio.

El mes que viene _visitarán_ el parque Montjuïc en Barcelona.

El mes que viene la clase de 1950 se _reunirá_ en Cancún.

El mes que viene te _graduarás_ de ingeniería.

ACTIVIDAD
14 **Probablemente**

Usa tu imaginación para contestar las preguntas y decir lo que pasará. **Answers will vary.**

1. ¿Qué le pasará a Francisco que anda preocupado?

_____

2. ¿Cuándo llegarán los primos de Costa Rica?

_____

3. ¿Cuál será el resultado del juego?

_____

4. ¿Qué nombre le pondrán al bebé de los García cuando nazca?

_____

5. ¿Dónde comprarán la casa los padres de Estela?

_____

**Unidad 1
Etapa 2**

CUADERNO
Para hispanohablantes

ACTIVIDAD 15 Curiosidad

Forma preguntas con las frases que aparecen a continuación usando el futuro de probabilidad. **Answers will vary.**

> **modelo:** mi libro de biología (en la escuela)
> ¿Estará mi libro de biología en la escuela?

1. los lentes de mi abuela (en el armario)

_____

2. Manuel (en el museo)

_____

3. Adela y Alicia (de tiendas)

_____

4. yo (en diez años)

_____

5. Los peces (en los Grandes Lagos)

_____

6. El presidente de Estados Unidos (en el año 2006)

_____

7. Los países europeos (con la nueva moneda)

_____

ACTIVIDAD 16 ¿Qué sucederá...?

Imagina cómo será el mundo en el Siglo XXII. Usa el futuro de probabilidad para expresar tus opiniones sobre qué sucederá cuando llegue este siglo. **Answers will vary.**

> **modelo:** los teléfonos de video
> Cuando llegue el siglo XXII, todo el mundo tendrá teléfonos de video.

1. las computadoras avancen demasiado

_____

2. con los carros de hoy

_____

3. en el espacio

_____

ESCRITURA   ⟨⟨⟨⟨⟨⟨⟨⟨⟨⟨⟨⟨⟨⟨⟨⟨⟨⟨⟨⟨⟨⟨⟨⟨⟨⟨⟨⟨⟨⟨

17 Tu interpretación

Lee el refrán a continuación y después dale a tus compañeros tu propia interpretación.
La corona no hace al rey.

18 El buen vestir

Los diseñadores imponen la moda. Cuando vamos a comprar ropa a muchos nos gusta
lucir lo que está de moda. Después de leer la historia de Oscar de la Renta y su fama en
el mundo de la elegancia, comenta los siguientes temas de interés. Usa tus ideas y
gustos en cuanto al vestir. **Answers or comments will vary.**

1. ¿Cuál será el deseo más grande de un(a) diseñador(a)?

_____

2. ¿Cuáles son algunos factores para triunfar en el mundo del diseño de ropa?

_____

3. ¿Qué debe tener presente un(a) buen(a) diseñador(a)?

_____

4. De todos los diseñadores que conoces, ¿cuál es tu favorito(a) y por qué?

_____

5. ¿Qué tipo de ropa usan los jóvenes de tu grupo?

_____

19 Tu oportunidad para diseñar

Haz una lista de las cosas que necesita un(a) diseñador(a) para trabajar y producir
modelos que gusten al público. Diseña un tipo de ropa que quisieras tener.

_____

_____

_____

_____

Unidad 1
Etapa 2

CUADERNO
Para hispanohablantes

CULTURA ⟨⟨⟨⟨⟨⟨⟨⟨⟨⟨⟨⟨⟨⟨⟨⟨⟨⟨⟨⟨⟨⟨⟨⟨⟨⟨⟨⟨⟨⟨⟨⟨⟨⟨⟨⟨

20 Sinónimos

Busca el sinónimo de las siguientes prendas de vestir. Si puedes, identifica el país donde se usan las palabras sinónimas.

1. falda _pollera, saya_

2. suéter _jersey, chompa_

3. pijama _piyama_

4. cinturón _cinto, faja_

5. medias _calcetines, escarpines_

21 Viaje por el mundo hispano de la moda

Imagina que haces un viaje por varios países latinoamericanos. Compara la forma de vestirse en esos países. Comenta sobre la ropa típica de cada país. Usa las siguientes ideas para que te ayuden en tu comparación.

1. Las actrices en las telenovelas

_____

2. Los galanes de la televisión

_____

3. La ropa folklórica

_____

4. Ropa de campo

_____

5. Ropa de personas de negocio

_____

1 ¿Qué ropa llevan?

Estudiante A

Pregúntale a tu compañero(a) qué llevan estas personas y si la ropa les queda bien o mal. Las personas son: Isabel, el señor Olivera, Carmen, Miguel y Isabel. Después, contesta las preguntas de tu compañero(a) sobre los regalos que has comprado para tus familiares.

 mi hermana Consuelo

 mi hermano Marcos

 mi papá

 mi mamá

Toma apuntes sobre las respuestas de tu compañero(a) en la tabla.

Nombre	¿Qué ropa lleva?	¿Cómo le queda(n)?	
		bien	mal
Isabel			
el señor Olivera			
Carmen			
Miguel			

Estudiante B

Contesta las preguntas de tu compañero(a) sobre lo que llevan tus amigos. Después, pregúntale a tu compañero(a) qué regalos compró para sus familiares: su hermana Consuelo, su hermano Marcos, su papá y su mamá.

 Isabel

 el señor Olivera

 Carmen

 Miguel

Toma apuntes sobre las respuestas de tu compañero(a) en la tabla.

Nombre	¿Qué regalos compró?
Consuelo	
Marcos	
Papá	
Mamá	

Unidad 1
Etapa 2

Information Gap Activities

2 ¿Qué harás este verano?

_____
_____
_____
_____
_____

Escribe lo que te dijo tu compañero(a). Usa oraciones completas para resumir la información.

Amalia   **Daniel**   **Carolina**   **yo**

sobre lo que has hecho y lo que han hecho unos compañeros.

hacer sus hermanos, sus padres y sus amigos. Después, contesta las preguntas de tu compañero(a)

Pregúntale a tu compañero(a) qué quiere hacer este verano. También, pregúntale lo que quieren

Estudiante A

Estudiante B

Contesta las preguntas de tu compañero(a) sobre lo que harás este verano. Después, pregúntale a tu compañero(a) qué ha hecho hoy y pregúntale también lo qué han hecho las siguientes personas: Carolina, Daniel y Amalia.

Escribe lo que te dijo tu compañero(a) usando oraciones completas para resumir la información.

_____
_____
_____
_____

3 La fiesta de Nélida

Estudiante A

Pregúntale a tu compañero(a) lo que los amigos habían hecho para preparar la fiesta de Nélida Gómez. Haz las preguntas en el **pluscuamperfecto** (*past perfect*). Los amigos son: Sergio, Vicente, Sabrina y tu compañero(a). Después, contesta las preguntas de tu compañero(a) sobre lo que la gente va a llevar para ir a la fiesta.

Haz una lista de las cosas que habían hecho los amigos. Usa oraciones completas.

Gerardo   Lucía   Micaela   yo

Sergio
· _____

Vicente
· _____

Sabrina
· _____

Mi compañero(a) de clase
· _____

Estudiante B

Contesta las preguntas de tu compañero(a) sobre lo que la gente había hecho para preparar la fiesta. Después, pregúntale a tu compañero(a) qué ropa los amigos se pondrán para la fiesta. Los amigos son: Gerardo, Lucía, Micaela y tu compañero(a).

Sergio   Vicente   Sabrina   yo

Completa estas oraciones con una descripción de la ropa que llevará cada persona.

Gerardo _____.

Lucía _____.

Micaela _____.

Mi compañero(a) de clase _____.

4 **Los pasatiempos**

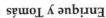

tu mamá   Enrique y Tomás   Leti   Sara

(The following text appears inverted/upside-down — Estudiante A section)

8. Silvia es bastante atrevida. _____

7. Los Sánchez prefieren estar al aire libre. _____

6. El padre de Juan Luis tiene un bote nuevo. _____

5. A Paco le fascina el dinero de otros países. _____

Tu compañero(a) quiere saber qué planes tiene todo el mundo para el fin de semana. Tú no sabes exactamente pero le dices lo que crees que harán. Después, pregúntale a él o a ella.

Estudiante A

Estudiante B

Pregúntale a tu compañero(a) sobre los planes de las siguientes personas para el fin de semana. ¿Qué harán? Después, contesta las preguntas de tu compañero(a).

1. Sara es muy sociable. _____

2. A Leti le gusta poner fotos nuevas en su album. _____

3. Enrique y Tomás siempre están en la playa. _____

4. Mi mamá necesita una chaqueta nueva. _____

Paco   Juan Luis   Los Sánchez   Silvia

Information Gap Activities — *Unidad 1 Etapa 2* (side tab)

¿QUÉ ESTILO PREFIERES? ඟඟඟඟඟඟඟඟඟඟඟඟඟඟඟඟඟඟඟ

Interview a family member and ask him or her to choose some items of clothing and some accessories that make up part of his or her look.

- First explain what the assignment is.
- Then ask him or her the question below.

  ¿Cómo te vistes tú?
- Don't forget to model the pronunciation of the various pieces of clothing and accessories so that he or she feels comfortable saying them in Spanish. Point to the name of each item as you say the word.
- After you get the answer, complete the sentence at the bottom of the page.

sudaderas

prendedor

traje

el chaleco de lunares

Me gusta llevar _____.

MI VESTUARIO ES DE... ၜၜၜၜၜၜၜၜၜၜၜၜၜၜၜၜၜၜ

Interview a family member and ask him or her to talk about some of the types of material that make up most of his or her wardrobe.

- First explain what the assignment is.
- Then ask him or her the question below.
  ¿De qué material es tu vestuario?
- Don't forget to model the pronunciation of the various kinds of material so that he or she feels comfortable saying them in Spanish. Point to the name of each item as you say the word.
- After you get the answer, complete the sentence at the bottom of the page.

algodón

cuero

mezclilla

lana

Mi(s) _____ es (son) de_____.

Disc 2 Track 1

¡Persigue la moda!

Eres reportero(a) en los Premios de Música en Nueva York y estás ahí para oír todos los detalles que puedan interesar a los lectores de tu revista, Modas Modernas. Escucha los últimos chismes de la moda para que tus lectores puedan encontrar lo último del vestir en estas tiendas.

2 En los Premios ves a tus viejos amigos, los reporteros Ana Beatriz Castillo y Javier Villanueva. Ellos describen el vestuario de cada persona famosa que pasa y ¡no se les escapa nada! Comentan sobre la ropa, los zapatos, los accesorios, ¡todito! Escucha y haz apuntes en una hoja aparte.

Ana: Hola televidentes de ¡Modas Modernas! Habla Ana Beatriz Castillo desde los Premios de Música en Nueva York.

Javier: Y yo soy Javier Villanueva. Hoy estamos aquí para ver cómo visten los músicos más celebrados del año.

Ana: ¡Qué emoción! Se puede sentir la tensión en el aire.

Javier: Acaba de llegar Carson, el hombre que dio el concierto fabuloso en Central Park. ¿Y cómo va vestido? De negro, por supuesto. Carson siempre lleva un solo color.

Ana: Su medalla de oro es un regalo de su mamá. Siempre la lleva en momentos importantes.

Javier: Ahí viene Ana Luisa. Qué mujer más impresionante. Ahora esta en un vestido de color pastel.

Ana: Lo que yo noto son sus pendientes. ¿Dónde los comprará? Y sus zapatos de tacón…no sé cómo camina sin caerse.

Javier: Ahora vemos a Luis Marcos. Aunque tiene voz de ángel, no sé por qué este chico no se compra unos trajes más elegantes. Siempre anda en sudaderas, como si fuera atleta.

Ana: Ay, ¡los Jaguares! Los cuatro, vestidos ¡igualitos! Serán cuadrúples. O les darán mejor precio si compran los cuatro trajes iguales.

Javier: Tienen que ser de Texas. Sombreros, jeans, botas de piel.

Ana: ¡Armando Iglesias! ¡Qué visión!

Chaleco de color oscuro, pantalones un poco anchos; ¡su pañuelo hace juego con sus calcetines! ¡Qué perfección!

Javier: Pues no lo compares con Carson. Nada lo enoja más.

Ana: Por fin, aquí viene Joya, la mujer más adorada del mundo. Canta como una sirena pero viste…

Javier: ¡Muy mal! Necesita ayuda ¡pero de emergencia! Su blusa no hace juego con su falda, sus zapatos son de otra época, su joyería parece de jueguito, y su ropa, por lo general, le queda muy floja.

Ana: No seas tan malo. Es joven. No sabe todavía de la moda de Nueva York.

Javier: ¿Dónde comprará su ropa? ¿En otro planeta? Esos lunares no son de este mundo.

Ana: Pero ahí viene Elena. La mujer que sabe más de la moda que nadie. Lleva un traje sencillo de pantalones y saco. Un color oscuro. Pendientes discretos. Esta mujer sabe vestir.

Javier: Estoy de acuerdo. La elegancia de Elena no se puede comparar… ¿Vendrá a hablar con nosotros? Espero que sí…

En acción, Pupil's Edition
Level 3 pages 62, 64

Disc 2 Track 2

Actividad 9 ¿Adónde vas?

Escucha la conversación entre María y Miguel. Luego completa las oraciones con **por** o **para**.

Miguel: ¿Adónde vas?

María: Voy a la tienda.

Miguel: ¿Para qué?

María: Tengo que comprarle un regalo a mi papá. Es su cumpleaños. Pienso comprarle una guayabera nueva.

Miguel: ¿Tienes dinero para el regalo?

María: Sí, trabajo tres días por semana.

Miguel: ¿Dónde trabajas?

María: Hace tres años que trabajo para la señora Ontiveros, en su oficina de diseño en el centro.

Miguel: ¿Cómo vas a llegar a la tienda?

María: Voy por autobús.

Miguel: ¿No tienes tarea para mañana?

María: Sí, pero ya la hice. Estudié por tres horas después de mis clases.

Disc 2 Track 3
Actividad 12 San Antonio

Julia está en San Antonio con su familia por dos días. Al final del primer día, su mamá cuenta lo que hicieron ese día y los planes para el otro día. ¿Qué hicieron ayer y qué van a hacer mañana? Escoge la respuesta correcta.

Mamá: ¡Hijos! Qué bonito es San Antonio, ¿no? ¿Les gustó el Paseo del Río? Espero que sí. Y el Álamo fue muy interesante también, ¿no? Mañana iremos al Mercado. Allí compraremos algunos regalitos para sus amigos, ¿está bien? Pero, ¿saben qué? También tengo muchas ganas de visitar el Instituto de Culturas Tejanas. Podremos ir allí mañana después del almuerzo. A propósito, ¿qué tal si vamos al concierto de música tejana esta tarde? Se divertirán, estoy segura. ¿Qué más tenemos que hacer antes de volver a casa? Ah, cenaremos en casa de sus primos. Les prometí que veremos a su nueva bébé antes de irnos. Volveremos a casa mañana después de la cena. ¡Qué lástima! Todavía nos quedan tantas cosas que hacer y tan pocas horas para hacerlas. Tendremos que volver a San Antonio muy pronto.

Más práctica
pages 21–22
Disc 2 Track 4

Actividad 1 ¿Qué necesitan?

Tus amigos necesitan varias cosas. Escucha lo que dicen y escoge el objeto que necesitan.

1. Voy a ir al gimnasio a hacer ejercicio.
2. Me gustan mucho las joyas. ¿Cuál de estos pares debo comprar?
3. Tengo muchas cosas que llevar al colegio.
4. No quiero perder mis llaves. Están sueltas en mi bolso.
5. Tengo muchas monedas en el bolsillo de mis jeans. Me molestan.

Disc 2 Track 5

Actividad 2 Verónica, la crítica

Tu amiga Verónica cree que es crítica de la moda. Siempre critica el vestuario de sus amigos. Escucha sus comentarios y completa las oraciones con la descripción del artículo de ropa que critica.

1. Ay, María, ¡qué bonita tu falda! Y ¡ese color tan brillante!

2. ¿Dónde compraste esa chaqueta, Juancho? Te queda muy bien. ¿No te costó mucho? Es de cuero, ¿verdad?
3. Ay, ¡mira a Mireya! ¡No me gusta su vestido estampado!
4. Siempre le digo a Ricardo que compre camisas de algodón. Pero nunca me hace caso. Prefiere las camisas de poliéster.
5. A Sonia no le gusta la ropa. Esa blusa de lunares es horrible.
6. ¡Qué elegante se ve Ernesto! ¿A dónde irá? Va muy de moda con esos pantalones de seda.

Disc 2 Track 6

Actividad 3 Comentarios

Mira los dibujos de unos chicos de tu colegio. Escucha los comentarios de varias personas sobre su vestuario. Di si el comentario es cierto o falso, según el dibujo.

1. La chaqueta de Bill le queda apretada.
2. La camiseta de rayas de Evadina parece muy cómoda.
3. Esos zapatos le quedan apretados a Brendan. Parecen muy incómodos.
4. ¡Qué bonito el vestido de Inés! Le queda perfecto.
5. dije a Hernán que no se comprara ese chaleco de lunares porque es muy estrecho.

Disc 2 Track 7

Actividad 4 El desfile de modas

Un crítico describe el vestuario de cuatro modelos que desfilan en la televisión. Escribe una oración completa para cada modelo mencionando por lo menos tres características de la ropa que llevan.

El crítico: Hola, televidentes. Hoy estamos en el desfile de moda más importante del año aquí en Nueva York. Empezamos con Cindy Chávez, la modelo de Texas. ¡Tan linda, Cindy! Hoy Cindy lleva una falda de color brillante que hace juego con su maravillosa chaqueta de cuero. Para darle un «look» sofisticado a su vestuario tejano, Cindy se ha puesto unos pendientes de oro. Ahora sigue Miguel Johnson. Miguel es de aquí de Nueva York, y claro, en Nueva York siempre hay que andar de negro. Miguel lleva unos pantalones de seda negros con un chaleco negro muy elegante. Lo que de veras es sorprendente es que lleva una camisa estampada, sí, señores y señoras, estampada. Hay que ser un poco atrevido, ¿no es así, Miguel? ¿Quién sigue? Ah, sí, la modelo que parece cantante de «rock», Kate Martínez. Hoy Kate lleva unos pantalones oscuros con una blusa de lunares. Pero lo que más destaca es esa chaqueta con fleco. Y por fin, aquí viene Gustavo González, el cubanoamericano de Miami. Lleva un vestuario perfecto para el clima de la Florida: un traje de color claro con una camisa de algodón. Y como acento final, Gustavo lleva una medalla de plata. Muchas gracias, televidentes, por haber estado con nosotros hoy.

Para hispanohablantes
page 21

Disc 2 Track 8

Actividad 1 ¡A pronunciar y a dividir en sílabas!

Escucha las palabras, después pronuncia cada una. De acuerdo a las reglas que siguen, divide cada palabra en sílabas.

Regla Número 3. La **f** y la **r,** y la **c** y la **h** siempre forman una sílaba con la vocal que sigue. Esta sílaba no se puede dividir.

1.	frijol	**7.**	chino
2.	sufrir	**8.**	machaca
3.	frescura	**9.**	leche
4.	azufre	**10.**	cochino
5.	frotar	**11.**	chancho
6.	frasco	**12.**	chequera

Disc 2 Track 9

Actividad 2 ¡Romper palabras y respetar la s!

Divide las palabras que escuches, en sílabas. Lee la siguiente regla y ten cuidado con la **s.**

Regla Número 4. La **s** siempre comienza o termina una sílaba.

1.	anestesia	**5.**	sismo
2.	despedir	**6.**	español
3.	usted	**7.**	pasta
4.	estrella	**8.**	presentar

Etapa Exam Forms A & B
pages 140 and 145

Disc 19 Track 4

A. Patricia Villanueva es una famosa diseñadora de ropa para mujeres. Escucha lo que dice sobre su trabajo y completa las siguientes oraciones. Strategy: Remember to listen calmly. Think of what you know about designers before you listen, and read through the questions below so that you will know what to listen for.

Examen para hispanohablantes
page 150

Disc 19 Track 4

A. Patricia Villanueva es una famosa diseñadora de ropa para mujeres. Escucha lo que dice sobre su trabajo y completa las siguientes oraciones. Strategy: Remember to listen calmly. Think of what you know about designers before you listen, and read through the questions below so that you will know what to listen for.

Patricia Villanueva: Me llamo Patricia Villanueva y soy diseñadora. Nací en Madrid donde empecé a diseñar pero ahora trabajo en Nueva York. Mi ropa se vende en Estados Unidos, España y México.

Creo que el gusto es muy personal. La mujer moderna prefiere la ropa cómoda, pero elegante también. Para esta temporada he diseñado trajes de lana y vestidos de seda. Tengo un hermoso vestido de noche estampado con lentejuelas. Me encantan los colores brillantes. Creo que a las mujeres les gustarán mis faldas rojas, mis blusas anaranjadas y mis calcetines amarillos.

El año que viene abriré una oficina en Puerto Rico. Comenzaré a diseñar bolsos de cuero, y también pendientes y prendedores porque me fascinan las joyas. Y para las mujeres que practican deporte y hacen ejercicio, habrá pantalones de mezclilla, sudaderas de algodón y trajes de baño de poliéster.

COOPERATIVE QUIZZES ⓒⓒⓒⓒⓒⓒⓒⓒⓒⓒⓒⓒⓒⓒⓒⓒⓒⓒⓒⓒⓒ

QUIZ ❶ Verbs like *gustar*

Contesta las siguientes preguntas con el verbo entre paréntesis.

1. ¿Quieres hablar con esa chica? (no/caer bien)

_____

2. ¿Marta quiere comprar estas sudaderas? (sí/fascinar)

_____

3. ¿Uds. quieren leer este libro? (no/interesar)

_____

4. ¿Luis usa pantalones de mezclilla? (sí/encantar)

_____

5. ¿Tu hermana usa pendientes? (sí/quedar bien)

_____

QUIZ ❷ Using *por* and *para*

Completa estas oraciones con **por** o **para.**

1. El tren pasa _____ Chicago.

2. Si tú no puedes ir al trabajo, yo puedo ir a trabajar _____ ti.

3. _____ ser diseñador, no tiene mucha imaginación.

4. Tenemos que terminar todo este trabajo _____ las tres de la tarde.

5. No podemos ir a la playa _____ el mal tiempo que hace.

3 The Future Tense

Contesta estas preguntas diciendo que no sabes si pasarán estas cosas. Usa el futuro.

1. ¿Los amigos van a salir?

   _____

2. ¿Voy a poder leer el menú?

   _____

3. ¿Vas a hacer montañismo?

   _____

4. ¿Matilde va a venir?

   _____

5. ¿Vamos a tener frío tú y yo?

   _____

4 Using the Future to Express Probability

Escribe estas oraciones con el futuro para preguntarte lo que sucederá.

1. No sé dónde está Marisol.

   _____

2. No sé cuándo viene el autobús.

   _____

3. No sé qué pasa con Alfredo.

   _____

4. No sé con quién sale Isabel.

   _____

5. No sé por qué dice Pedro esas cosas.

   _____

Unidad 1
Etapa 2

Exam Form A

ESCUCHAR 〇〇〇〇〇〇〇〇〇〇〇〇〇〇〇〇〇〇〇〇〇〇〇〇〇〇〇〇

A. Patricia Villanueva es una diseñadora famosa de ropa para mujeres. Ecucha lo que dice sobre su trabajo y completa las siguientes oraciones. **Strategy: Remember to listen calmly. Think of what you know about designers before you listen, and read through the questions below so that you will know what to listen for.** (10 puntos)

1. Patricia Villanueva trabaja ahora en _____.
   a. Madrid
   b. Nueva York
   c. México
   d. Puerto Rico

2. A Patricia Villanueva le encantan _____.
   a. las billeteras
   b. los colores oscuros
   c. los abrigos de lana
   d. los colores brillantes

3. Para esta temporada Patricia Villanueva no tiene _____.
   a. ropa cómoda
   b. un vestido estampado
   c. bolsos de cuero
   d. faldas ni blusas

4. A la diseñadora _____ las joyas.
   a. le encantan
   b. le quedan bien
   c. no le interesan
   d. le caen mal

5. El año próximo Patricia Villanueva diseñará _____.
   a. ropa para usar por la noche
   b. trajes de mezclilla y algodón
   c. vestidos de un solo color
   d. pantalones, sudaderas y trajes de baño

LECTURA Y CULTURA ⓪⓪⓪⓪⓪⓪⓪⓪⓪⓪⓪⓪⓪⓪⓪⓪⓪⓪⓪⓪⓪⓪⓪⓪

Lee lo que dice Rafael Canseco sobre los pasatiempos de él y sus amigos. Después completa las Actividades B y C. **Strategy: Remember to associate names with activities as you read.**

Me llamo Rafael Canseco. Tengo dieciocho años. Me graduaré de la secundaria en junio. Hace cuatro años que mis amigos y yo somos miembros del club de ajedrez. Asistimos a las reuniones del club todas las semanas. A todos nosotros nos interesa mucho el ajedrez pero también cada uno hace otras actividades interesantes.

Por ejemplo, a Felipe le gusta coleccionar monedas. El chico tiene una colección formidable de monedas de cinco y diez centavos.

A Bárbara le fascina escalar montañas. Se entrena durante las vacaciones de invierno y verano y escala montañas durante el verano con su hermano mayor. Bárbara me dice que sueña con escalar el monte Everest como lo hizo Araceli Segarra. Estoy seguro que algún día lo hará.

Ricardo, Esteban y Lidia hacen alpinismo. Les gusta conocer los bosques nacionales y acampar bajo las estrellas.

A Juan José le gusta navegar en tabla de vela y pescar en alta mar. Va con sus padres y sus hermanos a la Florida donde tienen una casa junto al mar.

¿Y qué hago yo para divertirme? Juego con mis primos en un equipo de béisbol en la primavera y en un equipo de fútbol en el otoño. Y como Juan José, yo también navego. Pero no navego en tabla de vela. ¡Yo navego por Internet!

B. ¿Comprendiste? Lee las siguientes oraciones y haz un círculo alrededor de la **C** si la oración es cierta o alrededor de la **F** si es falsa. (10 puntos)

C F **1.** Rafael Canseco y sus amigos se reúnen para jugar al ajedrez.

C F **2.** Bárbara escala montañas con su amiga Araceli.

C F **3.** Unos chicos acampan en la Florida.

C F **4.** A Juan José le interesan los deportes de mar.

C F **5.** A Rafael le gustan los deportes y Internet.

C. ¿Qué piensas? Contesta las siguientes preguntas. (10 puntos)

1. ¿Crees que Rafael y sus amigos tienen pasatiempos interesantes? Da ejemplos.

_____

2. ¿Qué actividades hacen los chicos con miembros de su familia?

_____

VOCABULARIO Y GRAMÁTICA 〇〇〇〇〇〇〇〇〇〇〇〇〇〇〇〇〇〇〇〇

D. Usa las palabras para completar las oraciones. **Strategy: Remember to associate the words for articles of clothing and accessories that you learned in this** *etapa* **with men or women, as appropriate.** (10 puntos)

> sudaderas   prendedor   vestido de seda
>
> monedero   pendientes

1. Blanca acaba de encontrar su _____ perdido.

2. Ren-Wei abre su _____ y saca su dinero.

3. Teresa encontró sus _____.

4. Nora está muy contenta con su _____. Es muy elegante.

5. Bernardo va a jugar fútbol y necesita sus _____.

E. Escribe lo que les gusta a los amigos. Usa los verbos como **gustar** en tus oraciones. (10 puntos)

1. a mí: gustar: las camisetas de algodón

_____

2. a ti: encantar: los colores oscuros

_____

3. a Claudia y Leonora: quedarles bien: los pendientes

_____

4. a nosotros: fascinar: los bolsos de cuero

_____

5. a Donaldo: molestar: la ropa incómoda

_____

F. Completa las siguientes oraciones con **por** o **para.** (10 puntos)

1. Natalia estudiará en Barcelona _____ seis meses y regresará

   _____ la Navidad.

2. _____ mí, esta novela es muy pesada. La leo sólo cuando viajo

   _____ tren.

3. Ustedes pagaron mucho dinero _____ el prendedor que compraron

   _____ su mamá.

4. Vamos a las montañas _____ acampar _____ tres semanas.

5. Tu billetera estará _____ aquí, ¿no? La necesitarás _____ ir
   de compras.

G. Usa el verbo o la expresión indicada para explicar lo que hará cada persona durante
las vacaciones. Escribe los verbos en el futuro. (10 puntos)

1. Raquel y Antonio / acampar / montañas

   _____

2. yo / esquiar / agua

   _____

3. los diseñadores / hacer alpinismo / Ecuador

   _____

4. nosotros / pilotar / avioneta

   _____

5. Marcos / volar / planeador

   _____

Unidad 1
Etapa 2

Exam Form A

ESCRITURA ๑๑๑๑๑๑๑๑๑๑๑๑๑๑๑๑๑๑๑๑๑๑๑๑๑๑๑

H. Harás un viaje por barco. Escribe un párrafo en una hoja aparte describiendo la ropa que llevarás para las actividades diferentes. Da detalles sobre la moda y el material del vestuario. **Strategy: Remember to use the table below to coordinate the activities with the appropriate clothing you will wear.** (15 puntos)

Actividades	Ropa

Writing Criteria	Scale	Writing Criteria	Scale	Writing Criteria	Scale
Vocabulary Usage	1 2 3 4 5	Accuracy	1 2 3 4 5	Organization	1 2 3 4 5

HABLAR ๑๑๑๑๑๑๑๑๑๑๑๑๑๑๑๑๑๑๑๑๑๑๑๑๑๑๑๑

I. Usa las palabras para contestar las preguntas sobre los planes que tienen ciertas personas para el futuro. Contesta con oraciones completas usando el **futuro** del verbo. **Strategy: Remember to concentrate on the forms of the future tense before you begin the activity.** (15 puntos)

> hacer muchos viajes   querer casarse   ir a la República Dominicana
>
> ser diseñadora   tener una mascota

1. Mis padres ya no quieren quedarse en casa. ¿Qué harán en el futuro?

2. A mi me encantan las mascotas. ¿Qué haré en el futuro?

3. Los novios están enamorados. ¿Qué harán en el futuro?

4. Tú quieres visitar el Caribe. ¿Adónde irás?

5. ¿Para qué profesión estudiará mi hermana?

Speaking Criteria	Scale	Speaking Criteria	Scale	Speaking Criteria	Scale
Vocabulary Usage	1 2 3 4 5	Accuracy	1 2 3 4 5	Organization	1 2 3 4 5

> **Test-taking Strategy:** Remember not to give up. If you answer the easy
> questions first, then you may find that the others seem less difficult.

ESCUCHAR 〰〰〰〰〰〰〰〰〰〰〰〰〰〰〰〰〰〰〰〰〰〰〰

A. Patricia Villanueva es una diseñadora famosa de ropa para mujeres. Ecucha lo que
dice sobre su trabajo y completa las siguientes oraciones. **Strategy: Remember to
listen calmly. Think of what you know about designers before you listen, and
read through the questions below so that you will know what to listen for.**
(10 puntos)

1. Patricia Villanueva trabaja ahora en

_____.

  a. Puerto Rico

  b. México

  c. Madrid

  d. Nueva York

2. Para esta temporada Patricia
Villanueva no tiene _____.

  a. faldas ni blusas

  b. un vestido estampado

  c. ropa cómoda

  d. bolsos de cuero

3. A la diseñadora _____ las joyas.

  a. le quedan bien

  b. le caen mal

  c. le encantan

  d. no le interesan

4. A Patricia Villanueva le encantan

_____.

  a. los colores brillantes

  b. las billeteras

  c. los colores oscuros

  d. los abrigos de lana

5. El año próximo Patricia Villanueva
diseñará _____.

  a. trajes de mezclilla y algodón

  b. pantalones, sudaderas y trajes
de baño

  c. ropa para usar por la noche

  d. vestidos de un solo color

**Unidad 1
Etapa 2**

Exam Form B

LECTURA Y CULTURA ⟨⟩⟨⟩⟨⟩⟨⟩⟨⟩⟨⟩⟨⟩⟨⟩⟨⟩⟨⟩⟨⟩⟨⟩⟨⟩

Lee lo que dice Martín Pineda sobre los pasatiempos de él y sus amigos. Después completa las Actividades B y C. **Strategy: Remember to associate names with activities as you read.**

Me llamo Martín Pineda. Tengo dieciocho años. Me graduaré de la secundaria en junio. Hace cuatro años que mis amigos y yo somos miembros del club de ajedrez. Asistimos a las reuniones del club todas las semanas. A todos nosotros nos interesa mucho el ajedrez pero también cada uno hace otras actividades interesantes.

Por ejemplo, a Pedro le gusta coleccionar monedas. El chico tiene una colección formidable de monedas de cinco y diez centavos. A Carolina le fascina escalar montañas. Se entrena durante las vacaciones de invierno y verano y escala montañas durante el verano con su hermano mayor. Carolina me dice que sueña con escalar el monte Everest como lo hizo Araceli Segarra. Estoy seguro que algún día lo hará.

René, Chucho y Celia hacen alpinismo. Les gusta conocer los bosques nacionales y acampar bajo las estrellas.

A Teodoro le gusta navegar en tabla de vela y pescar en alta mar. Va con sus padres y sus hermanos a la Florida donde tienen una casa junto al mar.

¿Y qué hago yo para divertirme? Juego con mis primos en un equipo de béisbol en la primavera y en un equipo de fútbol en el otoño. Y como Teodoro, yo también navego. Pero no navego en tabla de vela.

¡Yo navego por Internet!

B. ¿Comprendiste? Lee las siguientes oraciones y haz un círculo alrededor de la **C** si la oración es cierta o alrededor de la **F** si es falsa. (10 puntos)

C   F   **1.** Martín Pineda y sus amigos se reúnen para jugar al ajedrez.

C   F   **2.** Unos chicos acampan en la Florida.

C   F   **3.** Carolina escala montañas con su amiga Araceli.

C   F   **4.** A Martín le gustan los deportes y el Internet.

C   F   **5.** A Teodoro le interesan los deportes de mar.

C. ¿Qué piensas? Contesta las siguientes preguntas. (10 puntos)

1. ¿Qué actividades hacen los chicos con miembros de su familia?

_____

2. ¿Crees que Martín y sus amigos tienen pasatiempos interesantes? Da ejemplos.

_____

VOCABULARIO Y GRAMÁTICA ⟐⟐⟐⟐⟐⟐⟐⟐⟐⟐⟐⟐⟐⟐⟐⟐⟐⟐

D. Usa las palabras para completar las oraciones. **Strategy: Remember to associate the words for articles of clothing and accessories that you learned in this etapa with men or women, as appropriate.** (10 puntos)

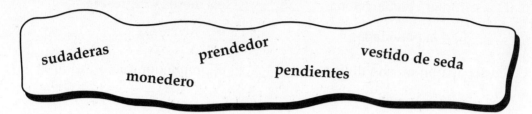

sudaderas   prendedor   vestido de seda
    monedero   pendientes

1. Guillermo va a jugar fútbol y necesita sus _____.

2. Anita encontró sus _____.

3. Lupe abre su _____ y saca su dinero.

4. Alejandra está muy contenta con su _____. Es muy elegante.

5. Graciela acaba de encontrar su _____ perdido.

E. Escribe lo que les gusta a los amigos. Usa los verbos como **gustar** en tus oraciones. (10 puntos)

1. a Donaldo: molestar: la ropa incómoda

_____

2. a nosotros: fascinar: los bolsos de cuero

_____

3. a mí: gustar: las camisetas de algodón

_____

4. a ti: encantar: los colores oscuros

_____

5. a Claudia y Leonora: quedarles bien: los pendientes

_____

Unidad 1
Etapa 2

Exam Form B

F. Completa las siguientes oraciones con **por** o **para**. (10 puntos)

1. _____ mí, esta novela es muy pesada. La leo sólo cuando viajo

   _____ tren.

2. Natalia estudiará en Barcelona _____ seis meses y regresará

   _____ la Navidad.

3. Ustedes pagaron mucho dinero _____ el prendedor que compraron

   _____ su mamá.

4. Tu billetera estará _____ aquí, ¿no? La necesitarás _____ ir

   de compras.

5. Vamos a las montañas _____ acampar _____ tres semanas.

G. Usa el verbo o la expresión indicada para explicar lo que hará cada persona durante las vacaciones. Escribe los verbos en el futuro. (10 puntos)

1. los diseñadores / hacer alpinismo / Ecuador

   _____

2. nosotros / pilotar / avioneta

   _____

3. Raquel y Antonio / acampar / montañas

   _____

4. Marcos / volar / planeador

   _____

5. yo / esquiar / agua

   _____

ESCRITURA ⟨⟨⟨⟨⟨⟨⟨⟨⟨⟨⟨⟨⟨⟨⟨⟨⟨⟨⟨⟨⟨⟨⟨⟨⟨⟨⟨⟨⟨

H. Harás un viaje por barco. Escribe un párrafo describiendo la ropa que llevarás para las actividades diferentes que habrá en el barco. Da detalles sobre la moda y el material del vestuario. **Strategy: Remember to use the table below to coordinate the shipboard activities with the clothing you will wear for each activity. This will help you to organize your ideas.** (15 puntos)

Actividades	Ropa

Writing Criteria	Scale	Writing Criteria	Scale	Writing Criteria	Scale
Vocabulary Usage	1 2 3 4 5	Accuracy	1 2 3 4 5	Organization	1 2 3 4 5

HABLAR ⟨⟨⟨⟨⟨⟨⟨⟨⟨⟨⟨⟨⟨⟨⟨⟨⟨⟨⟨⟨⟨⟨⟨⟨⟨⟨⟨⟨⟨⟨⟨⟨⟨⟨

I. Usa las palabras para contestar las preguntas sobre los planes que tienen ciertas personas para el futuro. Contesta con oraciones completas usando el futuro del verbo. **Strategy: Remember to concentrate on the forms of the future tense before you begin the activity.** (15 puntos)

> hacer muchos viajes   querer casarse   ir a la República Dominicana
> ser diseñadora   tener un perro

1. Mis padres ya no quieren quedarse en casa. ¿Qué harán?

2. A mi me encantan las mascotas. ¿Qué haré en el futuro?

3. Los novios están enamorados. ¿Qué harán en el futuro?

4. Tú quieres visitar el Caribe. ¿Adónde irás?

5. ¿Para qué profesión estudiará me hermana?

Speaking Criteria	Scale	Speaking Criteria	Scale	Speaking Criteria	Scale
Vocabulary Usage	1 2 3 4 5	Accuracy	1 2 3 4 5	Organization	1 2 3 4 5

Unidad 1, Etapa 2
Exam Form B

> **Test-taking Strategy:** Remember not to give up! If you answer the easy questions first, then you may find that the others seem less difficult.

ESCUCHAR 〰〰〰〰〰〰〰〰〰〰〰〰〰〰〰〰〰〰〰〰〰〰

A. Patricia Villanueva es una diseñadora famosa de ropa para mujeres. Ecucha lo que dice sobre su trabajo y contesta las preguntas que siguen. **Strategy: Remember to listen calmly. Think of what you know about designers before you listen, and read through the questions below so that you will know what to listen for.** (10 puntos)

1. ¿Dónde trabaja Patricia Villanueva ahora?

_____

_____

2. ¿Qué clase de ropa le gusta más a Patricia Villanueva?

_____

_____

3. Da ejemplos de cómo Patricia Villanueva usa los colores.

_____

_____

4. ¿Qué piensa la diseñadora de las joyas?

_____

_____

5. ¿Qué piensa diseñar Patricia Villanueva cuando abra su oficina en Puerto Rico?

_____

_____

LECTURA Y CULTURA ⊚⊚⊚⊚⊚⊚⊚⊚⊚⊚⊚⊚⊚⊚⊚⊚⊚⊚⊚⊚⊚⊚⊚

Lee lo que dice Conrado sobre sus diversiones preferidas y las de sus amigos. Después completa las Actividades B y C. **Strategy: Remember to associate names with activities as you read.**

Soy Conrado y estoy en cuarto año de la secundaria aquí en Los Ángeles. Me gusta mi colegio porque tengo muchos amigos. Hace cuatro años que mis amigos y yo formamos el Club Web. Nos reunimos una vez por semana. Navegamos por el Web y hacemos una lista de páginas que pueden ser útiles para todas las materias. Sólo para español hemos encontrado más de mil doscientos enlaces.

Tenemos otros intereses también. Por ejemplo, a Felipe le gusta coleccionar monedas. El chico tiene una colección formidable de monedas de cinco y diez centavos, y yo creo que vale mucho dinero. A Graciela le fascina escalar montañas. Se entrena durante las vacaciones de invierno y escala montañas en el verano con su hermano mayor. Graciela me ha dicho varias veces que sueña con escalar el monte Everest como lo hizo Araceli Segarra. Estoy seguro que algún día lo hará. A Juan José le gusta navegar en tabla de vela y pescar en alta mar. Aquí en California es el pasatiempo ideal, y Juan José pasa mucho tiempo en la playa.

¿Y qué hago yo para divertirme? Juego con mis primos en un equipo de béisbol en la primavera y en un equipo de fútbol en el otoño. Cuando hace mal tiempo, nos reunimos en casa de Camila. Ella tiene una computadora y jugamos o navegamos por Internet. ¡Ni con la lluvia nos aburrimos!

B. **¿Comprendiste?** Contesta las preguntas sobre la lectura. (10 puntos)

1. ¿Qué organizaron Conrado y sus amigos en el colegio?

_____

2. ¿Cómo ayudan los chicos del club a otros estudiantes de la escuela?

_____

3. ¿Por qué habla Conrado de Araceli Segarra?

_____

C. **¿Qué piensas?** Contesta las siguientes preguntas. (10 puntos)

1. ¿Qué pasatiempos tienen que ver con el clima de California? Explica.

_____

2. ¿Crees que Conrado y sus amigos tienen pasatiempos interesantes? Da ejemplos. ¿Cuáles te interesarían a ti?

_____

VOCABULARIO Y GRAMÁTICA ⓒⓒⓒⓒⓒⓒⓒⓒⓒⓒⓒⓒⓒⓒⓒⓒ

D. Usa las palabras para completar las oraciones. **Strategy: Remember to associate the words for articles of clothing and accessories that you learned in this etapa with men or women, as appropriate.** (10 puntos)

> sudaderas   prendedor   vestido de seda
> monedero   pendientes

1. Iván va a jugar fútbol y necesita sus _____.

2. Ren-Wei abre su _____ y saca su dinero.

3. Julia acaba de encontrar su _____ perdido.

4. Raquel está muy contenta con su _____. Es muy elegante.

5. Verónica encontró sus _____.

E. Basándote en la información de la tabla a continuación, escribe lo que les gusta y lo que no les gusta a los amigos. Usa los verbos indicados en tus oraciones. (10 puntos)

	¿A quién?	Verbo	sí	no
1.	a mí	gustar	camisetas de algodón	calcetines de lana
2.	a ti	encantar	colores oscuros	colores brillantes
3.	a nosotros	fascinar	bolsos de cuero	pantalones de cuero
4.	a Claudia y Leonora	quedar bien	pendientes	cadenas y medallas
5.	a Donaldo	molestar	ropa incómoda	sudaderas

1. _____

2. _____

3. _____

4. _____

5. _____

F. Completa las siguientes oraciones con **por** o **para.** (10 puntos)

1. Natalia estudiará en Barcelona _____ seis meses y regresará

   _____ barco.

2. Ustedes pagaron mucho dinero _____ el prendedor que compraron

   _____ su mamá.

3. _____ mí, esta novela es muy pesada. La leo sólo cuando viajo

   _____ tren.

4. Vamos a las montañas _____ acampar _____ celebrar mi
   cumpleaños.

5. Tu billetera estará _____ aquí, ¿no? La necesitarás _____ ir
   de compras.

G. ¿Qué harán estas personas durante las vacaciones? Indica una actividad diferente
en cada caso, escribiendo los verbos en el futuro. (10 puntos)

1. yo

   _____

2. mi familia y yo

   _____

3. mi mejor amigo/ mi mejor amiga

   _____

4. unos chicos del colegio

   _____

5. mis tíos o mis primos o mis vecinos

   _____

ESCRITURA 〰️〰️〰️〰️〰️〰️〰️〰️〰️〰️〰️〰️〰️〰️〰️〰️〰️〰️

H. Harás un viaje por barco. Escribe un párrafo en una hoja aparte describiendo la ropa que llevarás para las actividades diferentes en el barco. Da detalles sobre la moda y el material del vestuario. **Strategy: Remember to use the table below to coordinate the shipboard activities with the clothing you will wear for each activity. This will help you to organize your ideas.** (15 puntos)

Actividades	Ropa

Writing Criteria	Scale	Writing Criteria	Scale	Writing Criteria	Scale
Vocabulary Usage	1 2 3 4 5	Accuracy	1 2 3 4 5	Organization	1 2 3 4 5

HABLAR 〰️〰️〰️〰️〰️〰️〰️〰️〰️〰️〰️〰️〰️〰️〰️〰️〰️〰️

I. Contesta las preguntas sobre los planes que tienen ciertas personas para el futuro. Contesta con oraciones completas usando el futuro del verbo. **Strategy: Remember to use the vocabulary of the *etapa*.** (15 points)

1. Mis padres ya no quieren quedarse en casa. ¿Qué harán en el futuro?

2. Tú quieres visitar el Caribe. ¿Adónde irás?

3. Los novios están enamorados. ¿Qué harán en el futuro?

4. A mi me encantan las mascotas. ¿Qué haré en el futuro?

5. Nos encantan los perros. ¿Qué haremos?

5. ¿Para qué profesión estudiará me hermana?

Speaking Criteria	Scale	Speaking Criteria	Scale	Speaking Criteria	Scale
Vocabulary Usage	1 2 3 4 5	Accuracy	1 2 3 4 5	Organization	1 2 3 4 5

PORTFOLIO ASSESSMENT ⊆⊇⊆⊇⊆⊇⊆⊇⊆⊇⊆⊇⊆⊇⊆⊇⊆⊇⊆⊇⊆⊇⊆⊇

1 Role-Play

Working in groups, organize a fashion show of either men's or women's clothing (or both). Students will dress up in elaborate outfits and the narrator will describe the clothing as they walk by. You can also have a student play the role of the designer who will describe his or her philosophy of fashion to the audience. You can make your fashion show either serious or humorous, or a combination of both. The vocabulary of the *etapa* will be useful in your skit.

Goal: A videotape of the show and a photo album of the fashions. A written description of the creations and of the designer's philosophy should accompany each photo.

Scoring:

Criteria/Scale 1–4	(1)	Poor	(2)	Fair	(3)	Good	(4)	Excellent
Creativity	1	Little effort shown to create an interesting skit	2	Some attempt at writing an interesting skit	3	Students showed imagination and creativity in their project	4	Excellent use of creative faculties and imagination
Vocabulary	1	Limited vocabulary use	2	Some attempt to use known vocabulary	3	Good use of the vocabulary of the *etapa* and other lexical material	4	Excellent use of vocabulary
Grammar Accuracy	1	Errors prevent comprehension	2	Some grammar errors throughout	3	Good use of grammar	4	Excellent use of grammar
Written Accuracy	1	Written Spanish not easily understood	2	Good try, but many major mistakes	3	Well written, clear, comprehensible	4	Very well written

A = 13–16 pts.   B = 10–12 pts.   C = 7–9 pts.   D = 4–6 pts.   F = < 4 pts.

Total Score: _____

Comments: _____

_____

_____

_____

_____

_____

Unidad 1
Etapa 2

Portfolio Assessment

PORTFOLIO ASSESSMENT ꙮꙮꙮꙮꙮꙮꙮꙮꙮꙮꙮꙮꙮꙮꙮꙮꙮ

2 Radio Ad

Prepare a radio commercial for a summer resort in Latin America where you can go mountain climbing, hang-gliding, etc. You can record the ad either by yourself, or with a friend if you create a script with two speaking parts. In your commercial, describe the resort, the activities, how people dress there, etc. Make the vacation spot as appealing as possible.

Goal: An audiotape of your commercial and the script to put in your portolio.

Scoring:

Criteria/Scale 1–4	(1)	Poor	(2)	Fair	(3)	Good	(4)	Excellent
Diction	1	Pronunciation errors interfered with comprehension	2	Some serious pronunciation errors	3	Pronunciation good, accurate, comprehensible	4	Near perfect diction
Vocabulary	1	Limited vocabulary use	2	Some attempt to use known vocabulary	3	Good use of the vocabulary of the etapa and other lexical material	4	Excellent use of vocabulary
Grammar	1	Errors prevent comprehension	2	Some grammar errors throughout	3	Good use of grammar	4	Excellent use of grammar
Clarity and Logic	1	Commercial is unclear and poorly thought out.	2	Attempt made to create a logical, coherent ad, but many problems make it difficult to follow	3	Ad is clear and logical	4	Exceptionally clear and well thought out

A = 13–16 pts.   B = 10–12 pts.   C = 7–9 pts.   D = 4–6 pts.   F = < 4 pts.

Total Score: _____

Comments: _____

_____

_____

_____

_____

_____

_____

_____

ESCUCHAR ⊚⊚⊚⊚⊚⊚⊚⊚⊚⊚⊚⊚⊚⊚⊚⊚⊚⊚⊚⊚⊚⊚⊚⊚⊚

ACTIVIDAD 1 La mamá de Manolo

La mamá de Manolo acaba de llegar a casa y ve que Manolo no ha hecho lo que ella había pedido. Escucha a la señora Corona y completa sus mandatos para saber qué es lo que quiere que haga Manolo. Escoge de los mandatos en la lista.

a. Cambia la bombilla.

b. Organiza los gabinetes.

c. Desyerba el jardín.

d. Riega las plantas.

e. Vacía el basurero.

1. _e. Vacía el basurero._ _____
2. _a. Cambia la bombilla._ _____
3. _c. Desyerba el jardín_ _____
4. _d. Riega las plantas._ _____
5. _e. Organiza los gabinetes._ _____

ACTIVIDAD 2 El domingo

Es domingo y todos tienen que ayudar con los quehaceres. Escucha al señor Zapata. Él dice quién va a hacer cada tarea. Debajo de cada dibujo, escribe la letra de la oración que corresponde al comentario del señor Zapata.

1. _____ 2. _____ 3. _____

4. _____ 5. _____

Unidad 1
Etapa 3

CUADERNO
Más práctica

ACTIVIDAD 3   Usted tiene que...

El señor Andrade tiene muchos problemas hoy. Escucha lo que dice. Dile qué tiene que hacer para resolver sus problemas. Completa las oraciones con las palabras de la lista.

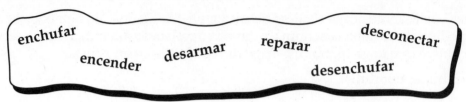

enchufar   encender   desarmar   reparar   desconectar   desenchufar

1. Usted tiene que __enchufar__ la computadora.
2. Usted tiene que __desarmar__ el cortacésped.
3. Usted tiene que __desconectar__ el teléfono.
4. Usted tiene que __desenchufar__ la impresora.
5. Usted tiene que __encender__ el televisor.
6. Usted tiene que __reparar__ el carro.

ACTIVIDAD 4   Servicio de Limpieza Brilla

Escucha la conversación entre el señor Enríquez y el Servicio de limpieza Brilla. Escribe los servicios que ofrecen y los que no ofrecen en la columna correcta.

Servicios que ofrecen	Servicios que no ofrecen
limpiar los baños	organizar los gabinetes
pasar la aspiradora	desyerbar el jardín
lavar los pisos	cambiar las bombillas
quitarle el polvo a los muebles	
vaciar los basureros	

Unidad 1 Etapa 3 — CUADERNO Más práctica

VOCABULARIO ᓂᓂᓂᓂᓂᓂᓂᓂᓂᓂᓂᓂᓂᓂᓂᓂᓂᓂᓂᓂᓂᓂᓂᓂᓂᓂ

ACTIVIDAD 5 ¿Qué ha hecho Manolo?

¿Ha hecho Manolo las siguientes cosas? Lee la oración y compárala al dibujo. Si Manolo ha hecho lo indicado en el dibujo, marca **sí.** Si no lo ha hecho, marca **no.**

1. 2. 3. 4.  5.

1. Manolo ha enchufado la computadora. ((sí) /no)

2. Manolo ha encendido el televisor. (sí / (no))

3. Manolo ha desarmado el cortacésped. ((sí) /no)

4. Manolo ha organizado los gabinetes. (sí / (no))

5. Manolo ha desyerbado el jardín (sí / (no))

ACTIVIDAD 6 El abuelo

Tu abuelo quiere saber si has hecho varias cosas. Usa el perfecto del indicativo de los verbos en la lista para completar sus preguntas.

> cambiar   regar   desconectar   encender   organizar
> desyerbar   reparar   esconderse

1. «Quiero ver el partido de fútbol en la tele. ¿ Has encendido el televisor»?

2. «Quiero cortar el césped. ¿ Has reparado el cortacésped»?

3. «La luz en el sótano no funciona. ¿ Has cambiado la bombilla»?

4. «Las plantas necesitan agua porque no ha llovido en tres días. ¿ Has regado las plantas»?

5. «Tengo que concentrarme en mi trabajo. No quiero hablar con nadie. ¿ Has desconectado el teléfono»?

ACTIVIDAD 7 En mi cuarto

Escribe una oración con cada de las palabras a continuación. Describe una situación en tu casa o tu cuarto.   Answers will vary.

1. enchufar _____

_____

2. desconectar _____

_____

3. desarmar _____

_____

4. organizar _____

_____

5. reparar _____

_____

6. encender _____

_____

ACTIVIDAD 8 Mi casa

Ésta es tu casa. Dibuja cuatro quehaceres que todavía no se han hecho. Luego pide a alguien en tu familia que completen esos quehaceres.

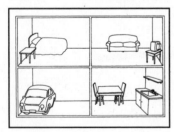

modelo: Celia, por favor vacía los basureros.

_____

_____

_____

_____

_____

GRAMÁTICA: REVIEW OF REFLEXIVES

 ACTIVIDAD 9 La abuela

Tu abuela está de visita. Ella siempre te da muchos consejos. ¿Qué te aconseja?

modelo: acostarse más temprano
    Debes acostarte más temprano. o Te debes acostar más temprano.

1. afeitarse todos los días

Debes afeitarte todos los días. / Te debes afeitar todos los días.

2. bañarse antes de salir.

Debes bañarte antes de salir. / Te debes bañar antes de salir.

3. despertarse a las seis de la mañana

Debes despertarte a las seis de la mañana. / Te debes despertar a las seis de la mañana.

4. ducharse todos los días

Debes ducharte todos los días. / Te debes duchar todos los días.

5. peinarse dos o tres veces al día

Debes peinarte dos o tres veces al día. / Te debes peinar dos o tres veces al día.

ACTIVIDAD 10 Me sentí…

Di cómo te sentiste o qué hiciste mientras hacías la tarea.

1. cuando vi cuánta tarea tenía que hacer (desanimarse)

Me desanimé cuando vi cuanta tarea tenía que hacer.

2. a terminar la tarea antes de las tres de la tarde (dedicarse)

Me dediqué a terminar la tarea antes de las tres de la tarde.

3. cuando vi que eran las dos y media (ponerse nervioso)

Me puse nervioso(a) cuando vi que eran las dos y media.

4. cuando me invitaron a la fiesta (entusiasmarse)

Me entusiasmé cuando me invitaron a la fiesta.

5. cuando por fin terminé la tarea (animarse)

Me animé cuando por fin terminé la tarea.

Unidad 1, Etapa 3

CUADERNO Más práctica

GRAMÁTICA: REVIEW OF REFLEXIVES ⓒⓒⓒⓒⓒⓒⓒⓒⓒⓒⓒⓒ

ACTIVIDAD 12 El mensaje de Marta

Marta le escribió un mensaje por correo electrónico a su amiga Consuelo. Completa su mensaje con la forma apropiada de los verbos entre paréntesis.

Todo el día **1.** ___me dediqué___ (yo: dedicarse) a mis estudios.

2. ___Me entusiasmé___ (yo: entusiasmarse) cuando me llamó mi amigo a invitarme al cine. Iba un grupo de amigos a ver la película nueva de Arnold Schwarzenegger. Yo quería ver la película nueva de Brad Pitt, así que

3. ___me opuse___ (yo: oponerse) a la decisión del grupo. Mi amiga Elena también quería ver la de Brad Pitt. Ella **4.** ___se sintió frustrada___ (sentirse frustrado) que no podía cambiar la opinión del grupo. Entonces le dije, «¿Por qué no vamos al Cineplex con nuestros amigos, pero en vez de ver la película que quieren ver ellos, vamos a la que queremos ver nosotras»?

5. ___se animó___ (animarse) cuando le presenté la solución.

ACTIVIDAD 13 Cuando

Di cómo se sintieron las personas entre paréntesis cuando estuvieron en las siguientes situaciones. Escribe una oración completa para cada situación.   Answers will vary.

1. (yo, tú, ellos) animarse / cuando / sacar una buena nota en el examen de…

Possible answers: Yo me animé cuando saqué una buena nota en el examen de…

2. (él, ella, nosotros) dedicarse / a limpiar la casa / para poder ir…

Él se dedicó a limpiar la casa para poder ir a la fiesta/al cine…

3. (usted, ustedes, ellos) entusiasmarse / al ver que / ganar…

Usted se entusiasmó al ver que ganó la lotería.

4. (yo, él, ella) sentirse frustrado(a) / cuando / cancelar…

Yo me sentí frustrado(a) cuando cancelaron el concierto.

5. (tú, nosotros, ustedes) ponerse nervioso(a) / cuando / empezaron…

Tú te pusiste nervioso(a) cuando empezaste el examen.

GRAMÁTICA: REVIEW: REFLEXIVES AS RECIPROCALS

ACTIVIDAD 15 Relaciones

Según la primera oración, ¿tiene sentido la última? Si tiene sentido la última oración, marca **sí**. Si no tiene sentido, marca **no** y escríbela en el espacio en blanco.

1. Son muy buenas amigas. Se llevan mal. (sí/ no)

_____

2. Se conocieron ayer. Se conocen bien. (sí/ no)

_____

3. Nunca están de acuerdo. Se pelean frecuentemente. (sí/no)

_____

4. A veces se pelean. Pero siempre se perdonan. (sí/no)

_____

5. Son amigos desde niños. Cuando se ven en la calle, se saludan. (sí/no)

_____

6. No les gusta hablar. Se telefonean todos los días. (sí/no)

_____

ACTIVIDAD 16 Mi madre y mi madrina

Tu madre y tu madrina han sido amigas desde niñas. Escoge el verbo entre paréntesis que le dé más sentido a la oración. Luego, completa las oraciones con el imperfecto de ese verbo.

1. Siempre ___se apoyaban___ en momentos difíciles. (apoyarse/conocerse)

2. Ellas ___se conocían___ desde niñas en el colegio. (quejarse/conocerse)

3. ___Se llevaban___ mal con el resto del mundo. (llevarse/odiarse)

4. Nunca ___se quejaban___ de su amistad. (quejarse/telefonearse)

5. Al entrar a una fiesta, ___se saludaban___ antes de saludar a los demás.
(contarse/saludarse)

6. ___Se telefoneaban___ todas las noches. (conocerse/telefonearse)

Unidad 1
Etapa 3
CUADERNO
Más práctica

ACTIVIDAD 17 ¡Enojados!

Tu amigo te cuenta sobre otro amigo. ¡Están muy enojados! Escribe una oración en el pretérito que describa cómo se trataron el uno al otro.

modelo: Cuando me pidió ayuda, no se la di. Cuando yo le pedí ayuda, él tampoco me la dio. No se ayudaron.

1. Cuando me mandó un mensaje por Internet, no lo llamé por teléfono. Cuando yo

   le mandé un mensaje por Internet, él tampoco me llamó.
   No se llamaron por teléfono.
   _____

2. Cuando le pedí perdón, no me perdonó. Cuando él me pidió perdón, yo tampoco

   lo perdoné. No se perdonaron.

3. Cuando lo vi en la calle, no lo saludé. Cuando él me vio a mí, tampoco me saludó.
   No se saludaron.
   _____

4. Cuando se me olvidó su cumpleaños, él se quejó. Cuando a él se le olvidó mi

   cumpleaños, yo también me quejé. Se quejaron.

5. Cuando él necesitaba apoyo, yo no lo apoyé. Cuando yo necesitaba apoyo, él

   tampoco me apoyó. No se apoyaron.

ACTIVIDAD 18 Mi tía y tío

Tu tía te describe la relación entre ella y tu tío cuando empezaron a ser novios. ¿Qué dice ella? Usa el imperfecto para describir la relación entre ellos.

modelo: apoyarse en todo momento
    Nos apoyábamos en todo momento.

1. ayudarse en todo Nos ayudábamos en todo.

2. conocerse muy bien Nos conocíamos muy bien.

3. contarse chismes Nos contábamos chismes.

4. llevarse muy bien Nos llevábamos muy bien.

5. nunca odiarse Nunca nos odiábamos.

GRAMÁTICA: REVIEW: IMPERSONAL CONSTRUCTIONS WITH *se*

 **Dulcita**

Tu primita Dulcita vino a visitarte y te persigue por dondequiera, haciéndote preguntas mientras haces ciertas cosas. Tú le dices que vas a hacer y ella te pregunta cómo hacerlo. Escribe sus preguntas.

modelo: Voy a apagar la computadora.

¿Cómo se apaga la computadora?

1. Voy a encender el televisor.

¿Cómo se enciende el televisor?

2. Voy a desconectar el teléfono.

¿Cómo se desconecta el teléfono?

3. Voy a reparar el cortacésped.

¿Cómo se repara el cortacésped?

4. Voy a desarmar el lavaplatos.

¿Cómo se desarma el lavaplatos?

5. Voy a conectarme a Internet.

¿Cómo se conecta a Internet?

 El periódico

Estás leyendo los anuncios clasificados en el periódico. Completa cada anuncio usando el verbo entre paréntesis con la construcción impersonal «**se**».

1. Se venden _____ automóviles viejos. (vender)

2. Se alquila _____ una casa en los suburbios. (alquilar)

3. Se compran _____ muebles antiguos. (comprar)

4. Se necesitan _____ programadores. (necesitar)

5. Se reparan _____ televisores. (reparar)

GRAMÁTICA: REVIEW: IMPERSONAL CONSTRUCTIONS WITH *se*

 23 El Mundo Estéreo

Escuchas un anuncio por la radio para la tienda **El Mundo Estéreo.** Completa las oraciones del anuncio con los verbos correctos de la lista y la construcción impersonal «**se**». Puedes usar los verbos más de una vez si es necesario.

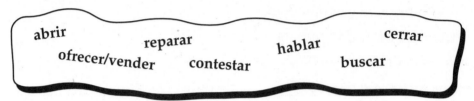

abrir   reparar   hablar   cerrar
    ofrecer/vender   contestar   buscar

1. Se venden _____ equipos estereofónicos.

2. Se venden _____ distentos modelos.

3. Se ofrecen _____ precios baratos.

4. Se hablan _____ varios idiomas en Mundo Estéreo.

5. Se reparan _____ gratis los equipos comprados en la tienda.

 24 Mi compañía

Inventa tu propia compañía. Decide qué servicios ofrece tu compañía y luego escribe un anuncio que describa esos servicios. Si necesitas empleados, escribe un anuncio que describa los requisitos.   Answers will vary.

modelo: Servico de Limpieza Abracadabra.
        Se limpian casas de todo tamaño.
        Se buscan trabajadores listos y puntuales.

_____

_____

_____

_____

_____

_____

ESCUCHAR ㊉㊉㊉㊉㊉㊉㊉㊉㊉㊉㊉㊉㊉㊉㊉㊉㊉㊉㊉㊉㊉㊉㊉㊉㊉㊉㊉

1 Trabajar con sílabas

Escucha la historia e identifica las palabras que llevan grupos de tres consonantes. Escríbelas en una hoja de papel.

Regla Nº 5. Los grupos de tres consonantes siempre se dividen en dos sílabas. Recuerda que la **f** y la **r**, y la **c** y la **h** no se pueden separar. La **s** nunca se escribe antes de otra consonante.

2 Ahora, ¡a separar en sílabas!

Vuelve a escuchar la historia por si no identificaste las 10 palabras con tres consonantes. Ahora, sepáralas en sílabas.

1. hom-bre _____

2. en-tró _____

3. im-pro-pia-men-te _____

4. em-ple-a-do _____

5. com-pro-bó _____

6. intruso _____

7. den-tro _____

8. con-trol _____

9. am-pliar _____

10. im-pro-ba-ble _____

Unidad 1
Etapa 3

CUADERNO
Para hispanohablantes

LECTURA ⊕⊕⊕⊕⊕⊕⊕⊕⊕⊕⊕⊕⊕⊕⊕⊕⊕⊕⊕⊕⊕⊕⊕⊕⊕⊕⊕⊕

ACTIVIDAD 3 Algo importante

Lee la selección. Luego haz una lista en una hoja aparte de las cosas que hay que hacer en tu casa. Piensa en la persona que hace la mayor cantidad de trabajo.

En mi casa

Desde temprano en la mañana, todos comenzamos a trabajar. Cuando nos levantamos, todos hacemos la cama y comemos el desayuno. Al terminar, recogemos la mesa y lavamos los platos. Mis padres nos despiden cuando salimos para la escuela. Luego, mi madre aprovecha para limpiar los muebles y ordenar la casa. Pasa la aspiradora y ve si nuestras habitaciones están ordenadas. Después, trabaja un poco desyerbando el jardín y lee. Cuando llegamos de la escuela, nos prepara la merienda y hablamos un poco de cómo nos fue en la escuela. Dos días a la semana la ayudo a lavar la ropa, mientras que mi hermano limpia el piso. Después hacemos la tarea mientras ella prepara la cena. Me gusta ayudarla a preparar la cena si termino a tiempo. Mi padre también la ayuda. Después de comer, él y yo lavamos los platos. Entre todos, hacemos de nuestro hogar un lugar agradable para vivir.

ACTIVIDAD 4 Mi responsabilidad

Después de leer la selección arriba, piensa en lo que puedes hacer para ayudar en tu casa con las tareas que hay que hacer a diario. Contesta las siguientes preguntas.

1. ¿Cuáles son las cosas que la mamá de la historia hace por la mañana?

Answers will vary.

2. ¿Qué puedo hacer yo para ayudar en mi casa con esas cosas?

_____

3. ¿Qué hace la mamá de la historia por la tarde?

_____

4. ¿Qué puedo hacer yo para ayudar en mi casa con esas cosas?

_____

5. ¿Qué le gusta mucho a la mamá de la historia?

_____

GRAMÁTICA: LOS REFLEXIVOS 𝕮𝕮𝕮𝕮𝕮𝕮𝕮𝕮𝕮𝕮𝕮𝕮𝕮𝕮𝕮𝕮

⑤ Un día para NO recordar

Forma oraciones con los verbos y las situaciones que aparecen debajo.

1. acostarse / tarde / anoche / Julián

 Julián se acostó tarde anoche.

2. levantarse / tarde / perder / autobús

 Se levantó tarde y perdió el autobús.

3. caerse / cuando / ir / trabajo / apurado

 Se cayó cuando iba apurado al trabajo.

4. enfermarse / estómago / nervios

 Se enfermó del estómago.

5. sentirse / incómodo / todo / salir / mal

 Se sintió incómodo porque todo le salió mal.

6. animarse / casa / regreso

 Se animó cuando regresó a la casa.

⑥ A pensar

Contesta las preguntas usando un verbo reflexivo que tenga sentido.

modelo: ¿Qué hacemos cuando nos crece el pelo? <u>Nos lo cortamos.</u>

1. ¿Qué hacen generalmente las personas cuando suena el despertador?

 Se levantan.

2. ¿Qué haces cuando tienes mucho sueño?

 Me duermo.

3. ¿Qué hacen tus amigos cuando dicen adiós?

 Se despiden.

4. ¿Qué hacemos cuando nos dan calor los calcetines?

 Nos los quitamos.

5. ¿Qué hace el niño cuando le dan un juguete?

 Se alegra.

Unidad 1 Etapa 3

CUADERNO Para hispanohablantes

GRAMÁTICA: LOS REFELXIVOS

ACTIVIDAD 7 ¡Reflexivamente!

Completa la oración con el verbo en paréntesis.

1. Cuando camino mucho (cansarse) *me canso*

2. Los chicos de mi clase (portarse) bien. *se portan*

3. Nunca (burlarse) de la gente. *te burles, nos burlamos, me burlo, se burle*

4. Mis padres siempre (divertirse) con la familia. *se divierten*

5. Yo (lavarse) las manos con frecuencia. *me lavo*

6. (Negarse) a decir lo que hizo. *Se niega*

7. Alfredo y Jacinta (irse) de verano a la Costa Brava. *se van*

8. Sacó mala nota porque (equivocarse) en el examen. *se equivocó*

ACTIVIDAD 8 Siempre lo correcto

Escoge el verbo correcto y conjúgalo para completar las oraciones.

1. Mi hermana (probar/probarse) muchos vestidos cuando va a las tiendas.

   se prueba

2. Nosotros (reír/reírse) con los chistes de mi abuelo.

   nos reímos

3. Mis amigos (sentar/sentarse) en el parque a conversar.

   se sientan

4. Yo no (dar/darse) cuenta de lo tarde que es cuando estoy con mis amigos.

   me doy

5. La familia de Reinaldo (mudar/mudarse) para Ecuador el año pasado.

   se mudó

GRAMÁTICA: LOS REFLEXIVOS COMO RECÍPROCOS 𝕮𝕮𝕮𝕮

9 Reciprocidad

Dos amigas se encuentran en un parque. Completa su tiempo juntas descifrando los verbos reflexivos.

> presenisodide
>
> tosménseno   neconsoce   nescatoron
>
> unsalerdosa

1. Sima y Ana __se saludaron__ cariñosamente.

2. Ellas __se conocen__ desde hace muchos años.

3. Sima dijo, «__Sentémonos__ en un banco a conversar un rato.»

4. Las dos amigas __se contaron__ sus secretos de cuando eran niñas.

5. Después de conversar agradablemente, __se despidieron__ con un beso.

10 Cambio entre nosotros

Cambia la forma ir a + infinitivo por el reflexivo.

1. Vamos a acostarnos pues ya es bastante tarde. __Acostémonos__

2. Vamos a quitarnos las botas antes de entrar. __Quitémonos__

3. Vamos a ponernos los abrigos porque hace mucho frío. __Pongámonos__

4. Vamos a escribirnos mientras dure mi ausencia. __Escribámonos__

5. Vamos a hablarnos con cortesía. __Hablémonos__

Unidad 1, Etapa 3, URB CUADERNO **Para hispanohablantes**   171
¡En español! Level 3   CUADERNO **Para hispanohablantes, p. 35**

Unidad 1
Etapa 3

CUADERNO
Para hispanohablantes

GRAMÁTICA: LOS REFLEXIVOS COMO RECÍPROCOS 🏛️🏛️🏛️🏛️

ACTIVIDAD 11 El discurso

Usa los verbos reflexivos apropiados para completar el discurso del.

> ayudarse   llamarse   ponerse
> comunicarse   mantenerse   sentirse

<u>Ayudémonos</u> mutuamente para poder lograr más en menos tiempo. Si me apoyan en las elecciones, yo apoyaré los proyectos que beneficien a esta comunidad. <u>Mantengámonos</u> unidos para que este distrito sea un ejemplo de unidad y respeto. <u>Comuniquémonos</u> con frecuencia. Nuestra comunicación será nuestro mayor ejemplo de que funcionamos en nuestros deberes cívicos, morales y económicos. <u>Pongámonos</u> al servicio de esta gran nación y cooperemos a su mejoramiento que es el nuestro también. <u>Sintámonos</u> como parte de una gran familia que trabaja para el bienestar de todos.

ACTIVIDAD 12 Entre amigos

Escoge el verbo correcto y conjúgalo de acuerdo al tiempo de la oración.

1. Ayer en *Los Precios Fijos*, Lupita e Irene (probarse/probar) <u>se probaron</u> cuatro vestidos cada una.

2. Todos mis amigos (levantar/levantarse) <u>se levantarán</u> muy temprano el próximo sábado para ir a la playa.

3. Mauricio y yo (quitar/quitarse) <u>nos quitamos</u> los suéteres cuando hace mucho calor para practicar en la cancha.

4. Los estudiantes (preocupar/preocuparse) <u>se preocupan</u> en la época de exámenes.

5. El año pasado (despedir/despedirse) <u>nos despedimos</u> de Gabriel porque regresó a su país.

GRAMÁTICA: *se* IMPERSONAL

13 Un poco de lógica

Contesta las preguntas usando verbos reflexivos. Usa las palabras en paréntesis y tu imaginación para formar tus respuestas.

1. ¿Qué hace alguien vanidoso? (al espejo mucho)

Se mira al espejo mucho.

2. ¿Qué hace alguien cuando suena el despertador? (de la cama)

Se levanta de la cama.

3. ¿Qué hace alguien que está cansado? (en la silla)

Se sienta en la silla.

4. ¿Qué hace alguien cuando termina la película? (para su casa)

Se va a su casa.

5. ¿Qué hace alguien por la mañana temprano? (en el comedor)

Se desayuna en el comedor.

14 Letreros y anuncios

Completa los letreros y anuncios usando verbos que requieran la construcción se.

1. *Se venden* _____ carros usados

2. *Se prohibe* _____ prohibe fumar en este local

3. *Se reparan* _____ llantas de camiones

4. *Se habla* _____ inglés, francés y español.

5. *Se hacen* _____ reparaciones para trajes de hombre

Unidad 1
Etapa 3

CUADERNO
Para hispanohablantes

GRAMÁTICA: *se* IMPERSONAL

ACTIVIDAD **15** Sobre idiomas

Contesta las preguntas sobre idiomas con oraciones completas.

1. ¿Qué idiomas se estudian en tu escuela?

Answers may vary.

2. ¿Qué idioma se habla en Brasil?

En Brasil se habla portugués.

3. ¿Qué idioma se habla más en el mundo?

El idioma que más se habla es inglés.

4. ¿Qué idiomas no se escriben con nuestro alfabeto? Menciona tres.

El árabe, el chino, el japonés no se escriben con nuestro alfabeto.

5. ¿Qué idioma se pronuncia como se escribe?

El español se escribe como se pronuncia.

ACTIVIDAD **16** Escribe y diseña

Escribe y diseña letreros con expresiones del banco de palabras.

> se vende   se solicita   se arreglan   se busca
> se alquila   se habla

1. _____

2. _____

3. _____

4. _____

5. _____

6. _____

ESCRITURA ⦿⦿⦿⦿⦿⦿⦿⦿⦿⦿⦿⦿⦿⦿⦿⦿⦿⦿⦿⦿⦿⦿⦿⦿⦿⦿⦿⦿⦿⦿⦿⦿⦿

17 Soñar despiertos

Escríbe a un compañero(a) cómo es la casa que quieres tener cuando termines los
estudios y tengas ya una familia. Detalla todo con cuidado para que no olvides nada.
Después, escribe todas las cosas que quisieras que tuviera tu casa.

_____

_____

_____

_____

_____

18 Cálculo y medidas

Haz una tabla de dos columnas. En una columna anota las habitaciones que quieres
tener en tu casa imaginada. En la otra columna escribe las dimensiones de cada
habitación. Haz lo mismo para el jardín y el patio. Te vas a divertir imaginando tu casa.

_____   _____

_____   _____

_____   _____

_____   _____

19 A dibujar un plano

Traza un plano de la casa que describiste en la actividad anterior. Trata de ser curioso
para que los que vean tu plano se puedan imaginar la casa que quieres tener. No te
olvides de pintar árboles al frente y en el patio si te gustaría tener algunos. Adorna el
frente con flores y un césped bien cuidado. Te has convertido en un excelente
arquitecto o arquitecta.

**Unidad 1
Etapa 3**

**CUADERNO
Para hispanohablantes**

CULTURA ⟨⟨⟨⟨⟨⟨⟨⟨⟨⟨⟨⟨⟨⟨⟨⟨⟨⟨⟨⟨⟨⟨⟨⟨⟨⟨⟨⟨⟨⟨

ACTIVIDAD 20 Los padrinos

A base de lo escrito en tu libro de texto, o de tus experiencias personales, escribe un párrafo breve acerca del compadrazgo. Defínelo y explica cómo funciona de tu familia o de la familia de algún conocido. **Answers will vary.**

_____

_____

_____

_____

_____

ACTIVIDAD 21 La comunidad hispana

A base de lo escrito en tu libro de texto, o de tus experiencias personales, escribe un párrafo breve acerca de las comunidades hispanas de Estados Unidos. ¿Qué significa para ti formar parte de una comunidad con identidad propia dentro de un país tan grande y variado como Estados Unidos? **Answers will vary.**

_____

_____

_____

_____

_____

_____

_____

1 Los quehaceres

_____
_____
_____
_____
_____
_____

Haz una lista de lo que hay que hacer antes de salir de vacaciones.

desyerbar

reparar

limpiar

desarmar

Pregúntale a tu compañero(a) qué hay que hacer antes de irse de vacaciones. Después, contesta las preguntas de tu compañero(a) sobre tus quehaceres.

Estudiante A

Estudiante B

Contesta las preguntas de tu compañero(a) sobre lo que hay que hacer antes de salir de vacaciones. Después, pregúntale a tu compañero(a) qué quehaceres ha hecho hoy. Pregúntale cuatro cosas, usando palabras y expresiones como **y después, qué más** para saber más cosas.

Resume usando oraciones completas lo que ha hecho o lo que no ha hecho tu compañero(a).

_____
_____
_____
_____
_____
_____

¡En español! Level 3

Unidad 1, Etapa 3 **177**
Information Gap Activities

Unidad 1
Etapa 3

Information Gap Activities

2 ¿Qué hicieron hoy?

_____

_____

_____

_____

_____

Escribe lo que te dijo tu compañero(a) sobre lo que ya ha hecho.

_____

_____

_____

_____

Escribe lo que hizo Francisca esta mañana. Usa oraciones completas para resumir la información.

Después, pregúntale a tu compañero(a) lo que él (ella) ha hecho hoy.

Pregúntale a tu compañero(a) lo que hizo su hermana Francisca esta mañana para arreglarse.

Estudiante A

_____

Estudiante B

Contesta las preguntas de tu compañero(a) sobre lo que hizo tu hermana Francisca hoy por la mañana. Después, dile lo que ya has hecho hoy.

Francisca

Yo

3 Nuestros amigos

---

4. _____

3. _____

2. _____

1. _____

Haz una lista de las cosas que caracterizan la relación entre Paula y Felipe.

Alfredo   **Dolores**   **Pedro**   **Mamá**

sobre cómo se sentían unos amigos ayer.

Pregúntale a tu compañero(a) cómo es la relación entre Paula y Felipe. Usa palabras y expresiones como y **después, qué más** para saber más. Después, contesta las preguntas de tu compañero(a)

Estudiante A

Estudiante B

Contesta las preguntas de tu compañero(a) sobre la relación entre Paula y Felipe. Después pregúntale a tu compañero(a) cómo se sentían unos amigos ayer: Alfredo, Dolores, Pedro y su mamá. También puedes preguntarle por qué se sentían así.

saludarse   **telefonearse**   **llevarse bien/mal**   **ayudarse con la tarea**

Completa estas oraciones de cómo se sentían estas personas y por qué.

Alfredo _____.

Dolores _____.

Pedro _____.

Mamá _____.

---

4 Horarios

_____

_____

_____

_____

Estudiante A

Pregúntale a tu compañero(a) a qué hora se hacen ciertas cosas en el colegio. Usa la construcción impersonal con **se . . .**: abrir el gimnasio, servir el almuerzo, jugar al fútbol, cerrar la biblioteca. Después, contesta las preguntas de tu compañero(a) sobre lo que se hace en las cuatro tiendas de una calle.

reparar

alquilar

vender

enseñar

Resume el horario del colegio de tu compañero(a).

Estudiante B

Contesta las preguntas de tu compañero(a) sobre el horario de tu colegio. Después, pregúntale a tu compañero(a) lo que se hace en cada una de cuatro tiendas: la primera tienda, la segunda tienda, la tercera tienda, la cuarta tienda.

Haz una lista de lo que se hace en cada una de las tiendas:

Primera tienda: _____

Segunda tienda: _____

Tercera tienda: _____

Cuarta tienda: _____

LOS QUEHACERES DE LA FAMILIA

Interview a family member and ask him or her to say which chores he or she does around the house.

- First explain what the assignment is.
- Then ask him or her the question below.

¿Qué haces tú?

- Don't forget to model the pronunciation of the various chores so that he or she feels comfortable saying them in Spanish. Point to the name of each chore as you say the word.
- After you get the answer, complete the sentence at the bottom of the page.

riego las plantas

limpio los gabinetes

desyerbo el jardín

vacío el basurero

Yo _____.

¿PUEDES AYUDAR? ꙮꙮꙮꙮꙮꙮꙮꙮꙮꙮꙮꙮꙮꙮꙮꙮꙮ

Interview a family member and ask him or her to talk about what kinds of things he or she knows how to repair around the house.

- First explain what the assignment is.
- Then ask him or her the question below.

¿Qué puedes reparar ?

- Pointing to the name of each item as you say the word will help him or her feel comfortable saying the word in Spanish.
- After you get the answer, complete the sentence at the bottom of the page.

el cortacésped

la lámpara

el televisor

la computadora

Yo (no) puedo reparar _____.

En vivo, Pupil's Edition
Level 3 pages 78–79
Disc 3 Track 1

¡Qué desastre!

Acabas de regresar de las vacaciones. Cuando vuelves, ves que tu casa es ¡un desastre! Hay muchos quehaceres que hay que hacer. Primero identifica lo que tienes que hacer. Luego llama a un servicio de limpieza para saber si te pueden ayudar.

3 Antes de escuchar el mensaje de CasaLimpia, copia el formulario en tu libro en otro papel. A la izquierda, escribe la lista de quehaceres que ya escribiste. Mientras escuchas el mensaje, marca «sí» en tu formulario si ofrecen el servicio que necesitas y marca «no» si no lo ofrecen.

Anuncio:

¡Buenos días! Usted se ha comunicado con el servicio de limpieza CasaLimpia. ¿Qué es lo que usted necesita? En CasaLimpia se hace de todo: ¿Muchos platos sucios en la cocina? Se los lavamos. ¿Ventanas sucias? ¡No se preocupe! También limpiamos ventanas. ¿Mucho polvo en la sala? No hay problema. ¡Quitamos el polvo de todos los muebles! Pasamos la aspiradora por toda la casa. Y barremos y lavamos esos pisos sucios. ¿Hay algunos gabinetes en el sótano que están desorganizados? ¡Fácil! Organizamos y limpiamos sus gabinetes bajo su dirección. Y por último, en el jardín podemos cortar el césped y regar las plantas. Aquí en CasaLimpia, le garantizamos una casa limpia…Si quiere hablar con un agente, por favor marque el cero. ¡Gracias! Y que pase buen día.

En acción, Pupil's Edition
Level 3 pages 83, 88
Disc 3 Track 2
Actividad 5 Un día desastroso

¡Manolo tuvo un día horroroso! ¿Qué le pasó? Escucha y escribe oraciones que describen su día desastroso.

Manolo:

¡Qué día horroroso! Me acosté muy tarde anoche porque tenía mucha tarea. No puse el despertador, así que no sonó por la mañana. Me desperté ¡muy tarde!—a las diez. Me levanté como loco y corrí hacia el baño. Quería ducharme pero mi hermanita estaba en el baño. ¡Se duchó por media hora! Por fin salió y yo me duché. Quería secarme el pelo pero la secadora de pelo no funcionaba. No me peiné. Me vestí rápidamente. Cuando llegué al colegio, me di cuenta que ¡no me había puesto calcetines!

Disc 3 Track 3
Actividad 13 Mundo de Autos

Escucha el anuncio de radio para Mundo de Autos. Luego, di si las siguientes oraciones son ciertas o falsas. Si la oración es falsa, corrígela.

Radio announcer:

Buenas tardes, señoras y señores. ¡Vengan hoy a Mundo de Autos! Se venden carros de todo tipo: nuevos, usados, domésticos, japoneses… Durante la rebaja de este mes, se ofrecen precios increíbles. ¡No lo va a creer! Jamás ha visto precios tan bajos. Si sale con un carro nuevo, va a salir súper-feliz. Pero no lo olvide—la rebaja se termina a finales de este mes. En Mundo de Autos se habla español, se habla inglés y también se habla japonés. Los vendedores son fantásticos. Se dice que son los mejores vendedores de la ciudad. Y si no quiere comprar un carro nuevo, traiga su carro usado cuando necesite reparaciones. Aquí se reparan carros el mismo día.¡Venga a Mundo de Autos hoy!

En voces, Pupil's Edition
Level 3 pages 90–91
Disc 3 Track 4
Lectura
La casa en Mango Street
Sobre el autor
Sandra Cisneros, la autora de *La casa en Mango Street,* nació en Chicago en 1954. Escribe ficción y poesía y vive en San Antonio, Texas.

Introducción
La casa en Mango Street es una novela que narra las experiencias de Esperanza Cordero, una chica que vive en un barrio latino en Chicago. Ella quiere tener una casa y escribir cuentos. En prosa sencilla y colorida, Sandra Cisneros describe los pasatiempos de esta joven. Elena Poniatowska, una escritora mexicana famosa, tradujo esta selección del inglés al español.

La casa en Mango Street

Siempre decían que algún día nos mudaríamos a una casa, una casa de verdad, que fuera nuestra para siempre, de la que no tuviéramos que salir cada año, y nuestra casa tendría agua corriente y tubos que servieran. Y escaleras interiores propias como las de la tele. Y tendríamos un sótano, y por lo menos tres baños para no tener que avisarle a todo el mundo cada vez que nos bañáramos. Nuestra casa sería blanca, rodeada de árboles, un jardín enorme y el pasto creciendo sin cerca. Ésa es la casa de la que hablaba Papá cuando tenía un billete de lotería y ésa es la casa que Mamá soñaba en los cuentos que nos contaba antes de dormir.

Pero la casa de Mango Street no es de ningún modo como ellos la contaron. Es pequeña y roja, con escalones apretados al frente y unas ventanitas tan chicas que parecen guardar su respiración. Los ladrillos se hacen pedazos en algunas partes y la puerta del frente se ha hinchado tanto que uno tiene que empujar fuerte para entrar. No hay jardín al frente sino cuatro olmos chiquititos que la ciudad plantó en la banqueta.

Afuera, atrás hay un garaje chiquito para el carro que no tenemos todavía, y un patiecito que luce todavía más chiquito entre los edificios de los lados. Nuestra casa tiene escaleras pero son ordinarias, de pasillo, y tiene solamente un baño. Todos compartimos recámaras, Mamá y Papá, Carlos y Kiki, yo y Nenny.

Disc 3 Track 5
Resumen de la lectura
La casa en Mango Street

Sandra Cisneros, autora de *La casa en Mango Street*, nació en Chicago y ahora vive en San Antonio, Texas. Ella escribe sobre la vida de una chica, Esperanza Cordero, que vive en un barrio latino en Chicago. La casa en Mango Street no es como la quería Esperanza. No tiene escaleras interiores como las de la tele y sólo hay un baño. No tiene ni jardín ni sótano. La casa no es de ningún modo como sus padres la contaron.

Más práctica
pages 31–32
Disc 3 Track 6
Actividad 1 La mamá de Manolo

La mamá de Manolo llega a casa y ve que Manolo no ha hecho lo que le había pedido. Esucha a la señora Corona y completa lo que dice escogiendo de los mandatos de la lista.

1. Hijo, ¿no ves que hay mucha basura?

2. ¡Manolo! Necesito más luz y esta lámpara no funciona.

3. ¡Manolo! Mira el jardín. Está lleno de malas hierbas.

4. Hijo, ¡se van a morir las plantas!

5. Manolo, hay cosas tiradas por todas partes.

Disc 3 Track 7
Actividad 2 El domingo

Los domingos todos ayudan con los quehaceres. Escucha al señor Zapata diciendo lo que tiene que hacer cada uno y escribe, debajo de los dibujos, la letra que corresponde al comentario del señor Zapata.

a. Tengo que reparar el cortacésped. Para repararlo, primero tengo que desarmarlo.

b. Los gabinetes están muy desorganizados. Mi esposa va a organizarlos.

c. El jardín está lleno de malas hierbas. Joaquín va a desyerbarlo.

d. Hay mucha basura en los basureros. Fausto va a vaciarlos.

e. Las plantas están secas. Gloria va a regarlas.

f. La lámpara necesita una bombilla nueva. Voy a cambiarla.

Disc 3 Track 8
Actividad 3 Usted tiene que…

El señor Andrade tiene muchos problemas hoy. Escucha lo que dice. Dile qué tiene que hacer para resolver sus problemas. Completa las oraciones con las palabras de la lista.

1. ¡No sé por qué no funciona la computadora!

2. Hay un problema con el cortacésped. Voy a repararlo.

3. Estoy muy ocupado y no quiero interrupciones. No quiero contestar llamadas.

4. Necesito usar la computadora pero está desconectada. La impresora está conectada en la única conexión junto a la computadora.

5. Es la hora de mi programa favorito en la tele.

6. ¡El carro no quiere prender! ¿Cómo voy a llegar al trabajo?

Disc 3 Track 9
Actividad 4 Servicio de Limpieza Brilla

Escucha la conversación entre el señor Enríquez y el Servicio de Limpieza Brilla. Escribe los servicios que ofrecen y los que no ofrecen en la columna correcta.

Servicio de Limpieza: Buenos días. Servicio de Limpieza Brilla.

señor Enríquez: Hola, habla señor Enríquez. Necesito hacer una cita con ustedes esta semana. Voy a dar una fiesta y la casa está muy desorganizada.

Servicio de Limpieza: Sí, señor. ¿Qué servicios requiere?

señor Enríquez: Pues, para empezar, necesito que organicen los gabinetes. Hay cosas tiradas por todas partes.

Servicio de Limpieza: Pues, perdone señor, pero ése no es un servicio que ofrecemos.

señor Enríquez: Muy bien. Entonces, necesito que desyerben el jardín.

Servicio de Limpieza: Mil disculpas, señor, pero no hacemos trabajos en el jardín, solo dentro de la casa. ¿No quiere que le limpiemos los baños?

señor Enríquez: Está bien. Pueden limpiar los baños. ¿Qué más hacen?

Servicio de Limpieza: Pues, podemos pasar la aspiradora por toda la casa, lavar los pisos que no tengan alfombra y quitarle el polvo a todos los muebles.

señor Enríquez: Muy bien. ¿Me pueden cambiar las bombillas en toda la casa?

Servicio de Limpieza: Pues, Señor, si insiste, lo podemos hacer, pero en realidad no, ése no es un servicio de limpieza.

señor Enríquez: Bueno, entonces le pediré a mi hijo que lo haga él. Una cosa más, ¿vacían los basureros antes de irse?

Servicio de Limpieza: Sí, Señor. Le vaciaremos todos los basureros.

Para hispanohablantes
page 31
Disc 3 Track 10

Actividad 1 Trabajar con sílabas

Escucha la historia e identifica las palabras que llevan agrupaciones de tres consonantes. Escríbelas en una hoja de papel.

   Ejemplo: desconectar, intranquilo, enchufar

Regla Número 5. Los grupos de tres consonantes siempre se dividen en dos sílabas. Recuerda que la **f** y la **r**, y la **c** y la **h** no se pueden separar. La **s** nunca se escribe antes de otra consonante.

Narrator: Un hombre entró impropiamente a un edificio. Rápidamente, un empleado comprobó que un intruso estaba dentro de un área peligrosa. Con cuidado y controlando la situación, caminó hasta la puerta para ampliar su campo de visión. Era improbable que fuera un ladrón, ¿quién sería este desconocido?

Disc 3 Track 11
Actividad 2 Ahora, ¡a dividir en sílabas!

Vuelve a escuchar la historia por si no identificaste las 10 palabras con las agrupaciones de tres consonantes. Ahora, divídelas en sílabas.

Etapa Exam Forms A & B
pages 189 and 194
Disc 19 Track 5

Examen para hispanohablantes
page 199
Disc 3 Track 11

A. Patricio Méndez es estudiante. Escucha lo que dice de su idea para ganar dinero para su colegio y completa las siguientes oraciones. Strategy: Remember to listen carefully, trying to associate your own school experience with Patricio's. Read through the questions below so that you will know what to listen for.

Patricio Méndez:

Me llamo Patricio Méndez y tengo dieciséis años. Estudio en el colegio Miraflores en Los Ángeles. Mis amigos y yo organizamos un grupo para ganar dinero para nuestro colegio. Los sábados y los domingos por la tarde hacemos algunos quehaceres para las personas que necesitan ayuda. Por ejemplo, yo trabajé el sábado pasado para la señora García. Le reparé su cortacésped. Después mi amiga Mariana llegó a la casa de la señora y los dos cortamos el césped y regamos las plantas.

Marta, Rebeca y Pablo hacen la limpieza para los señores Ortega todas las semanas. Los señores son mayores y ya no pueden hacer ciertos quehaceres. Marta vacía los basureros y Rebeca pasa la aspiradora. Pablo cambia bombillas y organiza las cosas en el desván y el sótano.

Si la gente tiene una computadora que no

funciona llama a Juan Carlos para repararla. Es un chico muy inteligente que gana mucho dinero así. Sólo trabaja los sábados por la mañana.

Mis amigos y yo nos animamos mucho con nuestro proyecto y nos ayudamos con todos los quehaceres que tenemos. Nuestros clientes nos apoyan porque están contentos con nuestro trabajo.

Unit Comprehensive Test
page 206
Disc 19 Track 6

A. Oirás la descripción de unas personas en un álbum de fotos. Luego traza un círculo alrededor de la C si la oración es cierta o de la F si la oración es falsa. Strategy: Remember what you have learned about describing people and try to visualize what you hear in the following passage.

Narrator:

Mira, aquí está Marta Delgado. Tiene diecisiete años. Lleva el pelo en cola de caballo, y es de color castaño. Tiene los ojos azules y la cara ovalada. Es una chica mimada y vanidosa.

Y aquí está Juan Manuel Iglesias. Tiene dieciocho años. Es alto y rubio. Tiene los ojos negros y la cara redonda. Es sociable y comprensivo. Se ve muy guapo con su barba.

Rafael y Bernardo Castro son hermanos. Rafael tiene dieciséis años y Bernardo tiene diecinueve. Los dos tienen el pelo rojizo, los ojos castaños y la cara triangular. Aunque Rafael es menor que Bernardo es más alto que su hermano. El hermano mayor es atrevido y descarado mientras el menor es muy tímido.

Disc 19 Track 7

B. Ramona Viñas no puede decidir cómo va a vestirse para ir a una fiesta esta noche. Escucha lo que dice de la ropa que tiene en su vestuario. Luego completa las oraciones según lo que has oído. Strategy: Remember what you have learned about describing fashions. Try to visualize the clothing as it is described.

Ramona Viñas:

Me llamo Ramona Viñas. Esta noche voy a una fiesta en casa de mi amiga Daniela. No sé qué ropa voy a llevar. Me gustan los pantalones porque son muy cómodos. Pero creo que me voy a poner una blusa y una falda o un vestido esta noche. Este vestido azul de algodón es bonito pero no está muy de moda. A ver. Me gusta esta falda gris con lentejuelas pero las blusas que tengo no hacen juego. Y este vestido rojo con lunares es horrible. Detesto los lunares. ¿Cómo es que me lo compré? Bueno. ¿No tendré nada bueno en mi vestuario? No puede ser. Ah, ¿qué es esto? Mi vestido negro de seda. Hace mucho tiempo que no me lo pongo. Con unos pendientes y una cadena será formidable.

Prueba comprensiva para hispanohablantes
page 214
Disc 19 Track 8

A. Escribe las palabras que oigas con letra de molde y escribe el número de sílabas que tiene cada una. Indica con rayas oblicuas la división silábica de cada palabra. Strategy: Remember to print the words you hear clearly so it will be easy for you to mark the syllable breaks with a slash.

1. repartir
2. desenchufar
3. bombilla
4. estampo
5. impaciente

Disc 19 Track 9

B. Escucha lo que dice Sandra de una discusión que tuvo con su mamá y contesta las preguntas que vienen a continuación. Strategy: Remember, in the listening passage, Sandra tells you what she and her mother said. Pay attention to who said what as you listen.

Sandra:

Me llamo Sandra Bermúdez. Ay, siempre tengo la misma discusión con mi mamá. Ayer yo estaba vestida para ir al cine con mis amigas. De repente, oigo a mi mamá que dice «Sandra, tienes que desyerbar el jardín. Hazlo ahora mismo». Es cierto que yo había prometido desyerbar el jardín ayer y no lo hice porque estaba hablando por teléfono con mi amiga Marisol, pero ya me había puesto mi nueva blusa de lunares, mi nuevo pantalón de cuero y mis nuevos pendientes de oro. ¿Cómo iba a empezar a desyerbar el jardín vestida así? Le contesté, «Mañana lo hago mamá. Ya estoy vestida para salir. No me pidas eso ahora». Mi mamá me dijo, «Hija, siempre dejas todo para mañana. Pronto las malas hierbas van a estar más altas que tú». «No digas eso, mamá» le contesté. «Mañana lo hago. Créeme. Lo único que tengo mañana es un almuerzo con mis amigas en el nuevo restaurante mexicano que acaban de abrir en el centro. Pero ahora me voy. Hasta luego, mamá». Dijo mamá, «Ay, hija, después de ese almuerzo no tendrás tiempo para desyerbar el jardín. Primero ocúpate del jardín y luego vas al almuerzo». ¡Y aquí me tienes, en el jardín!

1 Reflexive Verbs Used Reciprocally

Completa estas oraciones con la forma correcta del verbo indicado.
Usa el imperfecto.

1. Silvia y Alfredo _____ todos los días. (telefonearse)

2. Margarita y yo _____. (apoyarse)

3. Los niños _____ por los juguetes. (pelearse)

4. Ana y yo _____. (ayudarse)

5. Pablo y Fernando no _____ mucho. (verse)

2 Impersonal Constructions with *se*

Completa estas oraciones con la forma correcta del verbo.
Usa el futuro.

1. _____ las bicicletas. (reparar)

2. _____ el jardín. (regar)

3. _____ la aspiradora. (desconectar)

4. _____ las plantas. (desyerbar)

5. _____ al desván. (subir)

Unidad 1
Etapa 3

Cooperative Quizzes

QUIZ 3 Reflexive Verbs

Completa las siguientes oraciones usando la forma correcta del verbo entre paréntesis.
Usa el pretérito.

1. Pamela y su prima _____. (animarse)

2. Tú _____ a la música, ¿verdad? (dedicarse)

3. Hernán no _____ en la fiesta. (divertirse)

4. Nosotros _____ nerviosos. (ponerse)

5. Yo _____ mucho. (entusiasmarse)

QUIZ 4 Reflexive Verbs

Completa estas oraciones con la forma correcta del verbo indicado. Usa el presente y
decide si debes usar la forma reflexiva del verbo o no.

1. Magdalena y Jorge _____ frustrados. (sentir)

2. Paula y yo _____ el problema. (entender)

3. Catarina y Pedro _____ mucho a su hijo. (querer)

4. Lorenzo y Daniel _____ al plan. (oponer)

5. Virginia y yo _____. (preocupar)

Unidad 1 Etapa 3

Cooperative Quizzes

> ◆ **Test-taking Strategy:** Remember to keep a positive attitude. Try not to worry about actually taking the test, but concentrate instead on what you know.

ESCUCHAR ▨▨▨▨▨▨▨▨▨▨▨▨▨▨▨▨▨▨▨▨▨▨▨▨▨▨▨▨▨▨▨▨

A. Patricio Méndez es estudiante. Escucha lo que dice sobre su idea para ganar dinero para su colegio y completa las siguientes oraciones. **Strategy: Remember to listen carefully, trying to associate your own school experience with Patricio's. Read through the questions below so that you will know what to listen for.** (10 puntos)

1. Patricio Méndez y sus amigos _____.

  a. se quejan de su colegio

  b. ganan dinero para su escuela

  c. trabajan en casa de sus profesores

  d. no se ven los sábados

2. El sábado Patricio y Mariana _____.

  a. cambiaron bombillas

  b. salieron con Marta y Rebeca

  c. limpiaron el sótano

  d. cortaron el césped

3. Rebeca _____.

  a. es vieja

  b. es hija de los señores Ortega

  c. pasa la aspiradora

  d. vacía los basureros

4. Juan Carlos _____.

  a. sabe reparar computadoras

  b. organiza desvanes

  c. no trabaja los sábados

  d. prefiere hacer la limpieza

5. Los alumnos del colegio Miraflores _____.

  a. no se llevan muy bien

  b. se dedican a los deportes

  c. no tienen mucho tiempo para estudiar

  d. están entusiasmados con su proyecto

**Unidad 1
Etapa 3**

Exam Form A

LECTURA Y CULTURA ⊚⊚⊚⊚⊚⊚⊚⊚⊚⊚⊚⊚⊚⊚⊚⊚⊚⊚⊚⊚⊚⊚⊚⊚⊚⊚

Lee lo que dice Amparo Barona sobre los quehaceres que hacen ella y sus hermanos para ayudar en casa. Después, haz las Actividades B y C. **Strategy: Remember as you read to classify the chores with the people who perform them.**

Me llamo Amparo Barona. Somos cuatro hermanos. Yo soy la mayor. Tengo diecisiete años. Se trabaja mucho en mi casa porque es una casa grande y mis abuelos viven con nosotros también. A mi abuelo le gusta cultivar flores. Tiene un lindo jardín detrás de la casa. Él riega las plantas y mi hermano Paco le ayuda a desyerbar el jardín. Mi hermano Luis corta el césped y repara el cortacésped cuando no funciona bien. Cuando no funciona la computadora, la repara mi hermana Clara. Todos ayudamos a mi mamá y a la abuela a preparar la comida. A mí me encanta cocinar. Papá pone la mesa, mete los platos sucios en el lavaplatos y guarda los platos cuando están limpios. Mamá y papá pasan la aspiradora y organizan las cosas en el sótano y el desván. La abuela lava y plancha la ropa. Mis hermanos y yo organizamos nuestros cuartos, hacemos la cama y ayudamos con la limpieza.

B. ¿Comprendiste? Lee las siguientes oraciones y traza un círculo alrededor de la **C** si es cierta o alrededor de la **F** si es falsa. (10 puntos)

C F **1.** Amparo Barona tiene cinco hermanos.

C F **2.** Clara repara el cortacésped.

C F **3.** Todos los hermanos ayudan con la comida.

C F **4.** El papá lava los platos porque no hay lavaplatos.

C F **5.** Los señores Barona no organizan los cuartos de sus hijos.

C. ¿Qué piensas? Contesta las siguientes preguntas. (10 puntos)

1. ¿Por qué hay tantas cosas que hacer en casa de la familia Barona?

_____

_____

2. ¿Qué quehaceres hacen los hermanos Barona para ayudar a sus padres y abuelos?

_____

_____

VOCABULARIO Y GRAMÁTICA ◎◎◎◎◎◎◎◎◎◎◎◎◎◎◎◎◎◎◎

D. Mira la ilustración y completa las oraciones. **Strategy: Remember to associate verb with nouns they are commonly used with. This will remind you of the context in which you learned the vocabulary of the *etapa*.** (10 puntos)

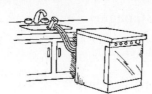
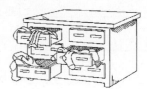

1. Hay que _____ la computadora antes de usarla.

2. Se debe _____ el lavaplatos.

3. Se organizarán _____.

4. Se vacían _____ todos los días.

5. Se _____ el refrigerador antes de limpiarla.

E. **¿Qué hacen estos amigos?** Usa los verbos indicados para expresarlo. (10 puntos)

1. Ramón y Beatriz: telefonearse

_____

2. Laura y Daniela: ayudarse

_____

3. Eduardo y Leonardo: apoyarse

_____

4. Maribel y Francisco: contarse chismes

_____

5. Elena y Felisa: saludarse

_____

F. Completa las siguientes oraciones para expresar lo que se hará. (10 puntos)

1. _____ las computadoras. (desarmar)

2. _____ por Internet. (navegar)

3. _____ las luces. (apagar)

4. _____ el césped. (cortar)

5. _____ el basurero. (vaciar)

G. Escoge un verbo o expresión para expresar los sentimientos de ciertas personas cuando pasó algo. Escribe los verbos en **pretérito.** (10 puntos)

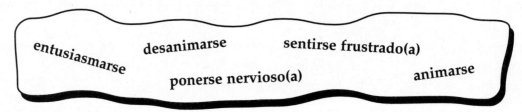

entusiasmarse   desanimarse   sentirse frustrado(a)

ponerse nervioso(a)   animarse

1. yo

_____

2. Alicia y Mario

_____

3. nosotros

_____

4. Rosa

_____

5. tú

_____

ESCRITURA ◎◎◎◎◎◎◎◎◎◎◎◎◎◎◎◎◎◎◎◎◎◎◎◎◎◎◎◎◎◎◎◎◎◎

H. ¡Tanto trabajo! Escribe un párrafo sobre los quehaceres que harán ciertas personas y a qué hora los harán. **Strategy: Remember to use the table below to organize the chores with the people who will do them.** (15 puntos)

Personas	Quehaceres	Hora

Writing Criteria	Scale	Writing Criteria	Scale	Writing Criteria	Scale
Vocabulary Usage	1 2 3 4 5	Accuracy	1 2 3 4 5	Organization	1 2 3 4 5

HABLAR ◎◎◎◎◎◎◎◎◎◎◎◎◎◎◎◎◎◎◎◎◎◎◎◎◎◎◎◎◎◎◎◎◎◎◎◎◎◎

I. Usa las palabras para contestar las preguntas sobre las interacciones de las personas que conoces. Contesta **sí** o **no** con oraciones completas usando el presente del verbo. **Strategy: Remember to think about your own relationships with people in forming these sentences.** (15 puntos)

> conocerse bien   apoyarse   telefonearse
>
> llevarse bien   entenderse

1. ¿Conoces a todos tus primos?

2. ¿Quién te ayuda cuando tienes problemas?

3. ¿A quién quieres más de todos tus amigos? ¿Por qué?

4. ¿A quién le llamas por teléfono más seguido?

5. ¿Quién te cae bien? ¿Por qué?

Speaking Criteria	Scale	Speaking Criteria	Scale	Speaking Criteria	Scale
Vocabulary Usage	1 2 3 4 5	Accuracy	1 2 3 4 5	Organization	1 2 3 4 5

> **Test-Taking Strategy:** Remember to keep a positive attitude. Try not to worry about actually taking the test, but concentrate instead on what you know.

ESCUCHAR

A. Patricio Méndez es estudiante. Escucha lo que dice sobre su idea para ganar dinero para su colegio y completa las siguientes oraciones. **Strategy: Remember to listen carefully, trying to associate your own school experience with Patricio's. Read through the questions below so that you will know what to listen for.** (10 puntos)

1. Patricio Méndez y sus amigos _____.

   a. no se ven los sábados

   b. trabajan en casa de sus profesores

   c. ganan dinero para su escuela

   d. se quejan de su colegio

2. El sábado Patricio y Mariana _____.

   a. cortaron el césped

   b. limpiaron el sótano

   c. salieron con Marta y Rebeca

   d. cambiaron bombillas

3. Rebeca _____.

   a. pasa la aspiradora

   b. vacía los basureros

   c. es hija de los señores Ortega

   d. es vieja

4. Juan Carlos _____.

   a. no trabaja los sábados

   b. prefiere hacer la limpieza

   c. organiza desvanes

   d. sabe reparar computadoras

5. Los alumnos del colegio Miraflores _____.

   a. se dedican a los deportes

   b. están entusiasmados con su proyecto

   c. no se llevan muy bien

   d. no tienen mucho tiempo para estudiar

Unidad 1
Etapa 3

Exam Form B

LECTURA Y CULTURA   @@@@@@@@@@@@@@@@@@@@@@@@@@

Lee lo que dice Consuelo Molina sobre los quehaceres que hacen ella y sus hermanos para ayudar en la casa. Después, haz las Actividades B y C. **Strategy: Remember as you read to classify the chores with the people who perform them.**

> Me llamo Consuelo Molina. Somos cuatro hermanos. Yo soy la mayor. Tengo diecisiete años. Se trabaja mucho en mi casa porque es una casa grande y mis abuelos viven con nosotros también. A mi abuelo le gusta cultivar flores. Tiene un lindo jardín detrás de la casa. Él riega las plantas y mi hermano Paco le ayuda a desyerbar el jardín. Mi hermano Luis corta el césped y repara el cortacésped cuando no funciona bien. Cuando no funciona la computadora, la repara mi hermana Clara. Todos ayudamos a mi mamá y a la abuela a preparar la comida. A mí me encanta cocinar. Papá pone la mesa, pone los platos sucios en el lavaplatos y guarda los platos cuando están limpios. Mamá y papá pasan la aspiradora y organizan las cosas en el sótano y el desván. La abuela lava y plancha la ropa. Mis hermanos y yo organizamos nuestros cuartos, hacemos la cama y ayudamos con la limpieza.

B. ¿Comprendiste? Lee las siguientes oraciones y traza un círculo alrededor de la **C** si es cierta o alrededor de la **F** si es falsa. (10 puntos)

C   F   **1.** Consuelo Molina tiene cinco hermanos.

C   F   **2.** Todos los hermanos ayudan con la comida.

C   F   **3.** Clara repara el cortacésped.

C   F   **4.** Los señores Molina no organizan los cuartos de sus hijos.

C   F   **5.** Luis lava los platos porque no hay lavaplatos.

C. ¿Qué piensas? Contesta las siguientes preguntas. (10 puntos)

1. ¿Por qué hay tantas cosas que hacer en casa de la familia Barona?

_____

_____

2. ¿Qué quehaceres hacen los hermanos Barona para ayudar a sus padres y abuelos?

_____

_____

Unidad 1
Etapa 3

Exam Form B

VOCABULARIO Y GRAMÁTICA ◎◎◎◎◎◎◎◎◎◎◎◎◎◎◎◎◎◎◎

D. Mira la ilustración y completa las oraciones. **Strategy: Remember to associate verb with nouns they are commonly used with. This will remind you of the context in which you learned the vocabulary of the *etapa*.** (10 puntos)

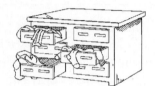

1. Se organizarán _____.

2. Se vacían _____ todos los días.

3. Hay que _____ la computadora antes de usarla.

4. Se _____ el refrigerador antes de limpiarla.

5. Se debe _____ el lavaplatos.

E. **¿Qué hacen estos amigos?** Usa los verbos indicados para expresarlo. (10 puntos)

1. Elena y Felisa: saludarse

_____

2. Maribel y Francisco: contarse chismes

_____

3. Eduardo y Leonardo: apoyarse

_____

4. Laura y Daniela: ayudarse

_____

5. Ramón y Beatriz: telefonearse

F. Completa las siguientes oraciones para expresar lo que se hará. (10 puntos)

1. _____ las luces. (apagar)

2. _____ el césped. (cortar)

3. _____ el basurero. (vaciar)

4. _____ las computadoras. (desarmar)

5. _____ por Internet. (navegar)

G. Escoge un verbo o expresión para expresar los sentimientos de ciertas personas. Escribe los verbos en **pretérito.** (10 puntos)

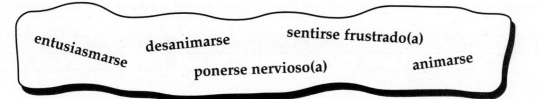

entusiasmarse   desanimarse   sentirse frustrado(a)
ponerse nervioso(a)   animarse

1. tú

_____

2. Rosa

_____

3. Alicia y Mario

_____

4. Nosotros

_____

5. yo

_____

ESCRITURA ෨෨෨෨෨෨෨෨෨෨෨෨෨෨෨෨෨෨෨෨෨෨෨෨෨෨

H. ¡Tanto trabajo! Escribe un párrafo sobre los quehaceres que harán ciertas personas y a qué hora los harán. **Strategy: Remember to use the table below to organize your information before writing.** (15 puntos)

Personas	Quehaceres	Hora

Writing Criteria	Scale	Writing Criteria	Scale	Writing Criteria	Scale
Vocabulary Usage	1 2 3 4 5	Accuracy	1 2 3 4 5	Organization	1 2 3 4 5

HABLAR ෨෨෨෨෨෨෨෨෨෨෨෨෨෨෨෨෨෨෨෨෨෨෨෨෨෨

I. Usa las palabras para contestar las preguntas sobre las interacciones de las personas que conoces. Contesta **sí** o **no** con oraciones completas usando el presente del verbo. **Strategy: Remember to think about your own relationships with people in forming these sentences.** (15 puntos)

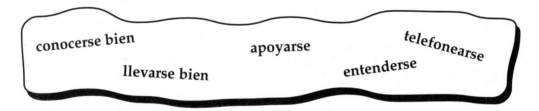

conocerse bien   apoyarse   telefonearse

llevarse bien   entenderse

1. ¿Conoces a todos tus primos?

2. ¿Quién te ayuda cuando tienes problemas?

3. ¿A quién quieres más de todos tus amigos? ¿Por qué?

4. ¿A quién le llamas por teléfono más seguido?

5. ¿Quién te cae bien? ¿Por qué?

Speaking Criteria	Scale	Speaking Criteria	Scale	Speaking Criteria	Scale
Vocabulary Usage	1 2 3 4 5	Accuracy	1 2 3 4 5	Organization	1 2 3 4 5

Test-Taking Strategy: Remember to keep a positive attitude. Try not to worry about actually taking the test, but concentrate instead on what you know.

ESCUCHAR ᘀᘀᘀᘀᘀᘀᘀᘀᘀᘀᘀᘀᘀᘀᘀᘀᘀᘀᘀᘀᘀᘀᘀᘀᘀᘀᘀ

A. Patricio Méndez es estudiante. Escucha lo que dice sobre su idea para ganar dinero para su colegio y completa las siguientes oraciones. **Strategy: Remember to listen carefully, trying to associate your own school experience with Patricio's. Read through the questions below so that you will know what to listen for.** (10 puntos)

1. ¿Para qué trabajan Patricio Méndez y sus amigos?

_____

_____

2. ¿Qué hicieron Patricio y Mariana el sábado pasado?

_____

_____

3. ¿Qué hacen los chicos para los señores Ortega?

_____

_____

4. ¿Cuál es la especialidad de Juan Carlos?

_____

_____

5. ¿Qué piensan los alumnos del colegio Miraflores de su proyecto?

_____

_____

Unidad 1
Etapa 3

Examen para hispanohablantes

LECTURA Y CULTURA ◎◎◎◎◎◎◎◎◎◎◎◎◎◎◎◎◎◎◎◎◎◎◎◎◎◎

Lee lo que dice Julia Ortiz sobre la gente de su casa y sobre lo que tienen que hacer. Después, haz las Actividades B y C. **Strategy: Remember as you read to classify the chores with the people who perform them.**

En mi casa hay mucha gente ahora. Normalmente somos ocho personas: mis padres, mis tres hermanos, mis abuelos maternos que viven con nosotros y yo. Pero ahora tenemos visita. Llegó la hermana de mi mamá de Paraguay con toda su familia: su esposo, mi tío Rafael y mis primos Jorge, Adrián y Flora. Ellos duermen en el dormitorio de mi hermana Felisa y Felisa duerme en mi cuarto. Flora duerme con nosotras porque quiere estar con sus primas mayores.

Hay mucho trabajo en casa, pero todo el mundo ayuda. Mi tía ayuda a mi abuela con la comida, y mi papá y mi tío hacen las compras y ponen los platos en el lavaplatos después de comer. Jorge y Adrián sacan la basura. Mi hermana y yo nos ocupamos de la limpieza de la casa, y pasamos la aspiradora. Somos muchas personas, pero lo pasamos muy bien juntos. Espero que para las vacaciones vayamos a Paraguay a pasar unos días con mis tíos. Mamá dice que todo depende de las notas que saquemos. Vamos, Felisa. Deja la aspiradora y ¡vamos a estudiar!

B. ¿Comprendiste? Completa estas oraciones según la lectura. (10 puntos)

1. En la casa de Julia Ortiz viven normalmente _____

_____

2. Hay más gente en la casa ahora porque _____

_____

3. Felisa duerme en el cuarto de Julia porque _____

_____

4. No es tan difícil para la mamá de Julia tener tantas visitas porque _____

_____

5. Si Julia y Felisa quieren visitar a sus tíos, _____

_____

C. ¿Qué piensas? Contesta las siguientes preguntas. (10 puntos)

1. ¿Por qué hay tantas cosas que hacer en casa de la familia Ortiz?

_____

2. ¿Por qué es importante repartir los quehaceres cuando hay familiares de visita?

_____

Unidad 1
Etapa 3

Examen para hispanohablantes

VOCABULARIO Y GRAMÁTICA ⓪⓪⓪⓪⓪⓪⓪⓪⓪⓪⓪⓪⓪⓪⓪⓪⓪⓪⓪⓪

D. Mira las ilustraciones y completa las oraciones, expresando lo que hay que hacer para cambiar la situación. **Strategy: Remember to associate verbs with nouns they are commonly used with. This will remind you of the context in which you learned the vocabulary of the *etapa*.** (10 puntos)

1.

2.

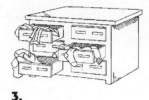
3.

4.

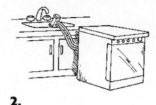
5.

1. Hay que _____ .

2. Hay que _____ .

3. Hay que _____ .

4. Hay que _____ .

5. Hay que _____ .

E. Usa verbos como **verse** y **telefonearse** para hablar de la relación entre los novios Raúl y Paula. Escribe cinco oraciones. (10 puntos)

1. _____ .

2. _____ .

3. _____ .

4. _____ .

5. _____ .

F. Forma cinco preguntas sobre lo que se hará con estas cosas. Escoge un verbo
que se pueda usar lógicamente y usa el interrogativo **cuándo** en cada pregunta.
(10 puntos)

1. las luces _____

2. el césped _____

3. el sótano _____

4. las computadoras _____

5. la aspiradora _____

G. Cómo se sintieron. Escoge un verbo o una expresión para expresar los
sentimientos de ciertas personas. Escribe los verbos en el pretérito. (10 puntos)

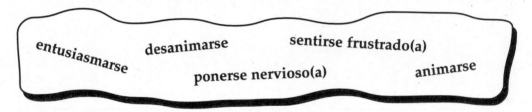

entusiasmarse   desanimarse   sentirse frustrado(a)

ponerse nervioso(a)   animarse

1. tú

_____

2. Rosa

_____

3. Alicia y Mario

_____

4. nosotros

_____

5. yo

_____

ESCRITURA 〰〰〰〰〰〰〰〰〰〰〰〰〰〰〰〰〰〰

H. ¡Tanto trabajo! Escribe un párrafo sobre los quehaceres que harán ciertas personas y a qué hora los harán. **Strategy: Remember to use the table below to organize your information before writing.** (15 puntos)

Personas	Quehaceres	Hora

Writing Criteria	Scale	Writing Criteria	Scale	Writing Criteria	Scale
Vocabulary Usage	1 2 3 4 5	Accuracy	1 2 3 4 5	Organization	1 2 3 4 5

HABLAR 〰〰〰〰〰〰〰〰〰〰〰〰〰〰〰〰〰〰〰〰

I. Usa las palabras para contestar las preguntas sobre las interacciones de las personas. Contesta **sí** o **no** con oraciones completas usando el presente del verbo. **Strategy: Remember to think about your own relationships with people in forming these sentences.** (15 puntos)

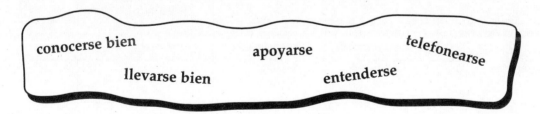

conocerse bien   apoyarse   telefonearse

llevarse bien   entenderse

1. ¿Conoces a todos tus primos?

2. ¿Quién te ayuda cuando tienes problemas?

3. ¿A quién quieres más de todos tus amigos? ¿Por qué?

4. ¿A quién le llamas por teléfono más seguido?

5. ¿Quién te cae bien? ¿Por qué?

Speaking Criteria	Scale	Speaking Criteria	Scale	Speaking Criteria	Scale
Vocabulary Usage	1 2 3 4 5	Accuracy	1 2 3 4 5	Organization	1 2 3 4 5

PORTFOLIO ASSESSMENT

1 Role-Play

Working in groups of 3 or 4, create a skit based on the comic strip *Manolo el Imposible* that you read in this *etapa*. Have one of the members of the group play the naughty child (either a boy or a girl), and other members play the parents and other relatives. Using the vocabulary and grammar of the *etapa* (especially reflexive verbs), write and act out a skit based on a funny incident caused by the naughty child. Use props and costumes as necessary, and rehearse until you can present your scene without difficulty.

Goal: A videotape or audiotape of the performance and the written script, to be included in your portfolio.

Scoring:

Criteria/Scale 1–4	(1)	Poor	(2)	Fair	(3)	Good	(4)	Excellent
Originality	1	Little effort shown to create an original skit	2	Some attempt at adding original touches	3	Students showed originality and imagination in their project	4	Very original and imaginative skit
Diction	1	Pronunciation errors interfered with comprehension of skit	2	Some pronunciation errors interfering with comprehension	3	Pronunciation good, accurate, comprehensible	4	Near perfect diction
Vocabulary	1	Limited vocabulary use	2	Some attempt to use known vocabulary	3	Good use of the vocabulary of the etapa and other lexical material	4	Excellent use of vocabulary
Grammar Accuracy	1	Errors prevent comprehension	2	Some grammar errors throughout	3	Good use of grammar	4	Excellent use of grammar
Preparation	1	Not prepared	2	Somewhat prepared	3	Well prepared	4	Very well prepared

A = 13–16 pts.   B = 10–12 pts.   C = 7–9 pts.   D = 4–6 pts.   F = < 4 pts.

Total Score: _____

Comments: _____

_____

_____

_____

_____

Unidad 1
Etapa 3

Portfolio Assessment

PORTFOLIO ASSESSMENT @@@@@@@@@@@@@@@@@@@@@@@@

2 Role-Play

In groups of 3 or 4, create a skit about moving into a new house or apartment. Discuss all the work that has to be done to make the place liveable, and who should do each of the tasks that needs to be done. Use the grammar and vocabulary of the *etapa*, as well as the comic strip and cleaning service ads to get ideas. You can prepare your skit either as a video or audiotape.

Goal: A video or audiotape of the skit along with the script to put in your portfolio.

Scoring:

Criteria/Scale 1–4	(1)	Poor	(2)	Fair	(3)	Good	(4)	Excellent
Pronunciation	1	Errors made comprehension difficult	2	Some pronun-ciation errors interfered with comprehension	3	Pronunciation good, accurate, comprehensible	4	Near perfect diction
Vocabulary	1	Limited vocabulary use	2	Some attempt to use known vocabulary	3	Good use of the vocabulary of the etapa and other lexical material	4	Excellent use of vocabulary
Grammar Accuracy	1	Errors prevent comprehension	2	Some grammar errors throughout	3	Good use of grammar	4	Excellent use of grammar
Originality	1	Skit is dull and shows little effort or creativity	2	Attempt made to be original	3	Students showed creativity and originality in their project	4	Skit is original and imaginative

A = 13–16 pts. B = 10–12 pts. C = 7–9 pts. D = 4–6 pts. F = < 4 pts.

Total Score: _____

Comments: _____

_____

_____

_____

_____

_____

_____

> **Test-Taking Strategy:** Remember to focus your thinking. It really helps if you concentrate on what you are doing.

ESCUCHAR ⸨⸨⸨⸨⸨⸨⸨⸨⸨⸨⸨⸨⸨⸨⸨⸨⸨⸨⸨⸨⸨⸨⸨

A. Oirás la descripción de unas personas en un álbum de fotos. Luego traza un círculo alrededor de la **C** si la oración es cierta o la **F** si la oración es falsa.
Strategy: Remember what you have learned about describing people and try to visualize what you hear in the following passage. (5 puntos)

C   F   **1.** Marta Delgado es delgada.

C   F   **2.** Juan Manuel Iglesias tiene los ojos negros.

C   F   **3.** Los hermanos Castro tienen el pelo rojizo.

C   F   **4.** Rafael es más bajo que Bernardo.

C   F   **5.** Bernardo es atrevido y Rafael es tímido.

B. Ramona Viñas no puede decidir lo que va a llevar a una fiesta esta noche. Escucha lo que dice sobre la ropa que tiene en su vestuario. Luego completa las oraciones con base en lo que has oído. **Strategy: Remember what you have learned about describing fashions. Try to visualize the clothing as it is described.** (5 puntos)

1. Ramona Viñas escoge ropa para _____.

2. A Ramona no le gusta el vestido azul _____.

3. Las blusas que tiene Ramona _____.

4. Por fin Ramona escoge _____.

5. Ramona llevará _____ con este vestido.

LECTURA ꙮꙮꙮꙮꙮꙮꙮꙮꙮꙮꙮꙮꙮꙮꙮꙮꙮꙮꙮꙮꙮꙮꙮꙮ

Lee sobre los pasatiempos favoritos de Marisol y sus planes para el futuro. **Strategy: Remember to think about how you and your friends would talk about your future plans. What could you say in Spanish to tell about your goals after you graduate?**

Yo tengo dieciocho años y me graduaré del colegio este año. Siempre he vivido en Miami. Me encantan los deportes de mar. Salgo con mis amigos Roberto, Leonardo y Blanca a navegar en tabla de vela y a pescar en alta mar. Lo que más nos gusta es esquiar en el agua.

Todo será diferente el año que viene porque estudiaremos en la universidad. Viviremos en otra parte del país y sólo nos veremos durante las vacaciones. Roberto estudiará ingeniería en una universidad en California. Leonardo estudiará historia en Nueva York. Blanca y yo nos dedicaremos al arte pero no sabemos dónde. Esperamos poder asistir a la misma universidad. Mi mejor amiga quiere ser pintora y yo espero ser diseñadora.

Blanca es una chica muy comprensiva y considerada. Nunca discutimos ni nos peleamos. Lo compartimos todo y tenemos mucho en común. A Blanca le gusta navegar por Internet y a mí también. Podremos escribirnos por computadora el año que viene si no podemos estudiar en la misma universidad.

C. **¿Comprendiste?** Según lo que leíste, indica si estas oraciones son ciertas **C** o falsas **F**. (5 puntos)

C   F   **1.** Marisol y sus amigos se dedican a los deportes de mar.

C   F   **2.** Roberto y Leonardo se quedarán en Miami el año que viene.

C   F   **3.** La mejor amiga de Marisol piensa ser diseñadora.

C   F   **4.** Marisol y Blanca no se llevan bien.

C   F   **5.** A Marisol le interesa navegar por Internet.

D. **¿Qué piensas?** Contesta esta pregunta sobre Marisol. (5 puntos)

¿Por qué crees que este año es tan importante para Marisol?

_____

_____

_____

_____

_____

Unidad 1 Unit Comprehensive Test

CULTURA ⊚⊚⊚⊚⊚⊚⊚⊚⊚⊚⊚⊚⊚⊚⊚⊚⊚⊚⊚⊚⊚⊚⊚⊚⊚⊚⊚⊚

Usa gráficas para organizar tus ideas y contestar las preguntas. **Strategy: Remember to make graphic organizers like the one below to write down what you know about Oscar de la Renta and Tito Puente.**

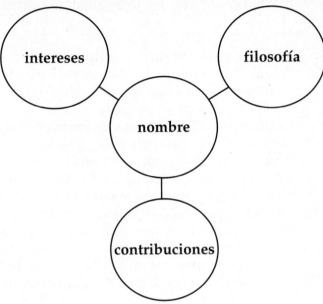

E. Contesta las siguientes preguntas sobre Oscar de la Renta. (5 puntos)

1. ¿Dónde nació Oscar de la Renta?

_____

2. ¿A quién conoció el diseñador cuando fue a España a la edad de 18 años?

_____

3. ¿Cuál es la filosofía del vestir del diseñador?

_____

4. ¿Cómo ha ayudado Oscar de la Renta a los niños?

_____

5. ¿Estás de acuerdo con las ideas de la moda de Oscar de la Renta? Explica.

_____

F. Contesta estas preguntas sobre Tito Puente. (5 puntos)

1. ¿Dónde nació Tito Puente?

_____

2. ¿De dónde vinieron sus padres?

_____

3. ¿Cuál fue una de las mejores decisiones de su vida?

_____

4. ¿Qué es el programa de becas Tito Puente?

_____

5. ¿Piensas que la vida de Tito Puente es admirable? ¿Por qué?

VOCABULARIO Y GRAMÁTICA 🐚🐚🐚🐚🐚🐚🐚🐚🐚🐚🐚🐚🐚🐚🐚

Now you can . . .

- talk about experiences.

G. Mira los dibujos y escribe la forma correcta del adjetivo para describir a estas personas. **Strategy: Remember to think about the words and grammar points in the context in which you learned them. This will make them easier to remember.** (5 puntos)

considerado

redondo   esbelto   fiel   vanidoso

| Mike y Rick | Antonio | Graciela | Marcos | actrices |

1. Mike y Rick son _____.

2. Antonio tiene la cara _____.

3. Graciela, te ves muy _____.

4. Los amigos de Marcos son _____.

5. Estas actrices son tan _____.

Now you can . . .

- describe people.

H. Completa las oraciones usando el presente perfecto del verbo entre paréntesis para expresar lo que se ha hecho. (5 puntos)

1. Miguel _____ alpinismo. (hacer)

2. Laura y yo nos _____ en el concierto. (ver)

3. Ustedes _____ el césped. (regar)

4. Tú _____ a acampar. (salir)

5. Yo _____ el jardín. (desyerbar)

Now you can . . .

• talk about pastimes in the future.

I. Completa las oraciones usando el futuro para expresar lo que estas personas harán durante las vacaciones. (5 puntos)

1. Juanita y yo _____ en tabla de vela. (navegar)

2. Tú yo _____ al cine. (ir)

3. Manolo yo _____ volar en planeador. (querer)

4. Yo yo _____ a comprar ropa de moda. (salir)

5. Felipe y Carmen yo _____ un viaje a la República Dominicana. (hacer)

Now you can . . .

• describe what people were wearing.

J. Mira las ilustraciones y escribe oraciones para expresar lo que llevaban/hacían estas personas. Usa el imperfecto. (5 puntos)

Maribel   **Martín**   **Lola y Anita**   **Juan y Raúl**   **Carol**

1. Maribel/tener

_____

2. Martín/mirar

_____

3. Lola y Anita/usar

_____

4. Juan y Raúl/preferir

_____

5. Carol/llevar

_____

Now you can . . .

- predict what feelings people might express in certain situations.

K. Completa las oraciones usando el futuro de probabilidad para expresar las posibles reacciones de estas personas. (10 puntos)

> animarse   desanimarse   ponerse nervioso
> entusiasmarse   quejarse

1. Marta y Paquita

_____

2. tú

_____

3. Jorge Luis

_____

4. Uds.

_____

5. Dolores

_____

Now you can . . .

- talk about what friends did last night.

L. Escoge un verbo y úsalo en el pretérito o el imperfecto para decir lo que hicieron o hacían estos amigos anoche. (10 puntos)

| Andrea y Pedro | Nati y Chelo | Armando y Laura | Andrés y Juan Carlos | Diana y Mariko |

> contarse secretos/chismes   saludarse
> perdonarse   pelearse   telefonearse

1. Andrea y Pedro _____.

2. Nati y Chelo _____.

3. Armando y Laura _____.

4. Andrés y Juan Carlos _____.

5. Diana y Mariko _____.

Unidad 1   Unit Comprehensive Test

ESCRITURA ⊙⊙⊙⊙⊙⊙⊙⊙⊙⊙⊙⊙⊙⊙⊙⊙⊙⊙⊙⊙⊙⊙⊙⊙⊙⊙⊙⊙⊙⊙

Now you can . . .

* talk about the future and predict actions

M. Quieres que tu amigo(a) vaya contigo de vacaciones. Escríbele una carta diciéndole las actividades que harán y dónde y cuándo las harán para convencerlo.

* Descríbele el pasatiempo.
* Dile dónde lo harán.
* Dile cuándo lo harán.

Strategy: Remember the pastimes you've studied as well as your own in trying to persuade your friend to join you. Use this chart to help you organize your ideas. (15 puntos)

Actividad	Dónde	Cuándo

Writing Criteria	Scale		Writing Criteria	Scale		Writing Criteria	Scale
Vocabulary Usage	1 2 3 4 5		Accuracy	1 2 3 4 5		Organization	1 2 3 4 5

HABLAR ⊚⊚⊚⊚⊚⊚⊚⊚⊚⊚⊚⊚⊚⊚⊚⊚⊚⊚⊚⊚⊚⊚⊚⊚⊚⊚⊚⊚⊚⊚⊚

Now you can . . .

- talk about household chores.

N. Parte 1 Quehaceres. Describe lo que ves en cada escena.
(15 puntos)

| Timoteo | Patricia | Lupe | Mario y Greg | Victoria |

Now you can . . .

- list accomplish-
  ments and talk
  about the future.

Parte 2 Habla de los quehaceres que tú y otras personas han
hecho ya y de los que tú y otras personas harán.

Speaking Criteria	Scale		Speaking Criteria	Scale		Speaking Criteria	Scale
Vocabulary Usage	1 2 3 4 5		Accuracy	1 2 3 4 5		Organization	1 2 3 4 5

Unidad 1 Unit Comprehensive Test

> **Test-taking Strategy:** Remember to focus your thinking. Put out of your mind all the other things that might interfere with doing well on this test today.

ESCUCHAR 〰〰〰〰〰〰〰〰〰〰〰〰〰〰〰〰〰〰〰〰

A. Escribe las palabras que oyes con letra de molde. *(Print the words.)* Indica con rayas oblicuas (/) la división silábica de cada palabra. **Strategy: Remember to print the words you hear clearly so it will be easy for you to mark the syllable breaks with a slash.** (5 puntos)

1. _____   _____

2. _____   _____

3. _____   _____

4. _____   _____

5. _____   _____

B. Escucha lo que dice Sandra sobre una discusión que tuvo con su mamá y contesta las preguntas a continuación. **Strategy: Remember to pay attention to who said what as you listen.** (5 puntos)

1. ¿Qué discusión tuvo Sandra con su mamá ayer?

   _____

2. ¿Por qué no quiso Sandra desyerbar el jardín?

   _____

3. ¿Qué llevaba Sandra?

   _____

4. ¿Por qué no desyerbó el jardín ayer Sandra?

   _____

5. ¿Por qué cree su mama que Sandra no va a desyerbar el jardín mañana tampoco?

   _____

Unidad 1

Unit Comprehensive Test

LECTURA ⓁⓁⓁⓁⓁⓁⓁⓁⓁⓁⓁⓁⓁⓁⓁⓁⓁⓁⓁⓁⓁⓁⓁⓁⓁⓁⓁⓁⓁⓁⓁⓁ

Lee sobre la tarde que pasó Micaela ayudando a su mamá y hablando con sus amigas. Luego haz las actividades D y E. **Strategy: Remember to think about what people might talk to friends about as they do their chores.** (10 puntos)

Me llamo Violeta Aguirre. Estoy en mi último año de estudios en la escuela secundaria. En septiembre empezaré mi carrera universitaria. Ayer fue sábado y me quedé en casa para ayudar a mis padres con los quehaceres de la casa. En mi casa somos siete: mi papá, mi mamá, mi abuela y cuatro hijos. Soy la mayor y por eso tengo más responsabilidad.

Yo había salido a regar el jardín. Regaba las flores cuando llegó mi amiga Bárbara. Empezamos a conversar. Bárbara y yo lo pasamos muy bien. Nos contamos chismes y secretos y hablamos de nuestros planes para el futuro. Me alegro de que a Bárbara la hayan aceptado en la misma universidad que a mí. Nuestra amistad continuará aún después del colegio.

Bárbara me dijo que le interesa la idea de ser diseñadora de ropa y que por eso piensa estudiar arte y dibujo en la universidad.

Empezábamos a hablar de nuestros planes:

Yo: Entonces, estudiarás arte en la universidad. Creo que has escogido muy bien. Siempre te has interesado en la ropa y te vistes muy bien. Ahora podrás vestir a los demás.

Bárbara: Eres muy amable, Violeta. ¿Y tú? ¿Todavía quieres ser programadora?

Yo: Sí, me interesa mucho la computación y eso es lo que estudiaré en la universidad. Creo que es un campo que ofrece muchas posibilidades de trabajo. Y así pasamos la tarde. Regué el jardín, pasé el cortacésped, cambié unas bombillas y después invité a Bárbara a tomar un café conmigo.

C. **¿Comprendiste?** Según lo que leíste, indica si estas oraciones son ciertas **C** o falsas **F**. (5 puntos)

C F   **1.** Violeta pasó el sábado en casa para poder ocuparse de varias cosas que tenía que hacer.

C F   **2.** Violeta pasaba el cortacésped cuando llegó Bárbara.

C F   **3.** Las dos chicas nunca se cuentan chismes.

C F   **4.** Bárbara acompañó a Violeta mientras Violeta hacía sus quehaceres.

C F   **5.** Bárbara ha cambiado sus planes y piensa ahora estudiar computación.

D. **¿Qué piensas?** Contesta esta pregunta sobre Violeta. (5 puntos)
¿Por qué tiene Violeta mucha responsabilidad en su casa?

_____

_____

_____

Unidad 1 — Prueba comprensiva para hispanohablantes

CULTURA ©©©©©©©©©©©©©©©©©©©©©©©©©©©©©©©©©©

Usa gráficos para organizar tus ideas y contestar las preguntas. **Strategy: Remember to make graphic organizers like the one below to write down what you know about Oscar de la Renta and Tito Puente.**

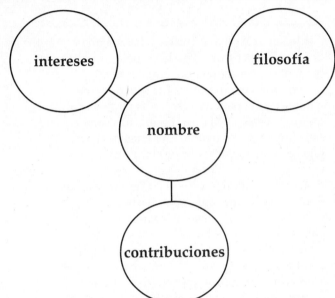

E. Contesta las siguientes preguntas sobre Oscar de la Renta. (5 puntos)

1. ¿Dónde nació Oscar de la Renta?

_____

2. ¿A quién conoció el diseñador cuando fue a España a la edad de 18 años?

_____

3. ¿Cuál es la filosofía del vestir del diseñador?

_____

4. ¿Cómo ha ayudado Oscar de la Renta a los niños?

_____

5. ¿Estás de acuerdo con las ideas de la moda de Oscar de la Renta? Explica.

_____

F. Contesta las siguientes preguntas sobre Tito Puente. (5 puntos)

1. ¿Dónde nació Tito Puente?

_____

2. ¿De dónde vinieron sus padres?

_____

3. ¿Cuál fue una de las mejores decisiones de su vida?

_____

4. ¿Qué es el programa de becas Tito Puente?

_____

5. ¿Piensas que la vida de Tito Puente es admirable? ¿Por qué?

_____

Unidad 1

Prueba comprensiva para hispanohablantes

VOCABULARIO Y GRAMÁTICA

Now you can . . .
- describe people.

G. Mira los dibujos y escribe la forma correcta del adjetivo entre paréntesis para describir a estas personas. **Strategy: Remember to think about the words and grammar points in the context in which you learned them. This will make them easier to remember.** (5 puntos)

redondo considerado esbelto fiel vanidoso

| Mike y Rick | Antonio | Graciela | Marcos | actrices |

1. Mike y Rick son _____.

2. Antonio tiene la cara _____.

3. Graciela, te ves muy _____.

4. Los amigos de Marcos son _____.

5. Estas actrices son tan _____.

Now you can . . .
- talk about experiences.

H. Completa las oraciones usando el presente perfecto del verbo entre paréntesis para expresar lo que se ha hecho. (5 puntos)

1. Miguel _____ alpinismo. (hacer)

2. Laura y yo nos _____ en el concierto. (ver)

3. Ustedes _____ el césped. (regar)

4. Tú _____ a acampar. (salir)

5. Yo _____ el jardín. (desyerbar)

¡En español! Level 3 Prueba comprensiva para hispanohablantes Unidad 1 217

Unidad 1 · Prueba comprensiva para hispanohablantes

I. Completa las oraciones usando el futuro para expresar lo que se hará durante las vacaciones. (5 puntos)

modelo: Ellos _____ por el parque. (correr)
Ellos correrán por el parque.

1. Juanita y yo _____ en tabla de vela. (navegar)

2. Tú _____ al cine. (ir)

3. Manolo _____ volar en planeador. (querer)

4. Yo _____ a comprar ropa de moda. (salir)

5. Felipe y Carmen _____ un viaje a la República Dominicana. (hacer)

J. Mira las ilustraciones y escribe oraciones para expresar lo que llevaban/hacían estas personas. Usa el imperfecto. (5 puntos)

Maribel **Martín** **Lola y Anita** **Juan y Raúl** **Carol**

1. Maribel/tener

_____

2. Martín/mirar

_____

3. Lola y Anita/usar

_____

4. Juan y Raúl/preferir

_____

5. Carol/llevar

_____

Unidad 1

Prueba comprensiva para hispanohablantes

Now you can . . .

• predict what feelings people might express in certain situations.

K. Completa las oraciones usando el futuro de probabilidad para expresar las posibles reacciones de estas personas. (10 puntos)

> animarse   desanimarse   ponerse nervioso
> entusiasmarse   quejarse

1. Marta y Paquita

_____

2. tú

_____

3. Jorge Luis

_____

4. ustedes

_____

5. Dolores

_____

Now you can . . .

• talk about what friends do.

L. Escoge un verbo y úsalo en el pretérito o el imperfecto para decir lo que hicieron o harán estos amigos. (10 puntos)

| Andrea y Benny | Nati y Chelo | Julio y Laura | Andrés y Juan Carlos | Diana y Mariko |

> contarse secretos/chismes   saludarse
> perdonarse   pelearse   telefonearse

1. Andrea y Benny _____ .

2. Nati y Chelo _____ .

3. Julio y Laura _____ .

4. Andrés y Juan Carlos _____ .

5. Diana y Mariko _____ .

ESCRITURA 〰〰〰〰〰〰〰〰〰〰〰〰〰〰〰〰〰〰〰〰

Now you can . . .

- talk about the future and predict actions

M. Quieres que tu amigo(a) vaya contigo de vacaciones. Escríbele una carta diciéndole las actividades que harán y dónde y cuándo las harán para convencerlo.

- Descríbele el pasatiempo.
- Dile dónde lo harán.
- Dile cuándo lo harán.

Strategy: Remember to think about the pastimes you've studied as well as your own in trying to persuade your friend to join you. (15 puntos)

Actividad	Dónde	Cuándo

Writing Criteria	Scale	Writing Criteria	Scale	Writing Criteria	Scale
Vocabulary Usage	1 2 3 4 5	Accuracy	1 2 3 4 5	Organization	1 2 3 4 5

HABLAR ⟨𝕠𝕠𝕠𝕠𝕠𝕠𝕠𝕠𝕠𝕠𝕠𝕠𝕠𝕠𝕠𝕠𝕠𝕠𝕠𝕠𝕠𝕠𝕠𝕠𝕠𝕠𝕠𝕠𝕠⟩

Now you can . . .

- talk about household chores.

N. Parte 1 Quehaceres. Describe lo que ves en cada escena. (15 puntos)

| Timoteo | Patricia | Lupe | Mario y Greg | Victoria |

Now you can . . .

- list accomplishments and talk about the future.

Parte 2 Habla de los quehaceres que tú y otras personas han hecho ya y de los que tú y otras personas harán.

Speaking Criteria	Scale		Speaking Criteria	Scale		Speaking Criteria	Scale
Vocabulary Usage	1 2 3 4 5		Accuracy	1 2 3 4 5		Organization	1 2 3 4 5

VOCABULARIO 🌀🌀🌀🌀🌀🌀🌀

Indica cuál de las posibilidades completa mejor la oración.

1. Ya _____ todas las luces.
   a. apagué
   b. acampé
   c. investigué
   d. me lavé

2. _____ la calle con mucho cuidado.
   a. Nadaron
   b. Corrieron
   c. Cruzaron
   d. Se sentaron

3. Para levantarse a las siete de la mañana, los niños _____ temprano.
   a. se vistieron
   b. se acostaron
   c. cenaron
   d. almorzaron

4. —¿Vas a Toledo por primera vez?
   —No, ya _____ la ciudad.
   a. sé
   b. comparto
   c. prefiero
   d. conozco

5. —¡Cuánto se divirtieron en la fiesta!
   —Sí, _____ mucho.
   a. se maquillaron
   b. bailaron
   c. se peinaron
   d. durmieron

6. —¿A qué hora empieza la película?
   —No _____ cuándo empieza.
   a. conozco
   b. recuerdo
   c. cuento
   d. pienso

7. _____ el mensaje por correo.
   a. Dijiste
   b. Insististe
   c. Mandaste
   d. Saliste

GRAMÁTICA 🌀🌀🌀🌀🌀🌀🌀

Indica cuál de las posibilidades completa mejor la oración.

8. Yo _____ los discos compactos ayer.
   a. compró
   b. compré
   c. compro
   d. compra

9. Isabel _____ a sus hijos y luego _____ ella.
   a. acuesta/se acuesta
   b. se acostó/acostó
   c. se acuesta/acostó
   d. acuesta/acuesta

Multiple Choice Test Items

Etapa preliminar

10. Elena y Elvira _____ y salen.

   a. se maquilló

   b. se maquillaron

   c. se maquilla

   d. se maquillan

11. _____ a Argentina el año pasado.

   a. Fuimos

   b. Vamos

   c. Vamos a ir

   d. Debemos ir

12. ¿Por qué no _____ venir ustedes ayer?

   a. puede

   b. pudo

   c. pudieron

   d. pueden

13. No quiero jugar al tenis. Ya _____ una hora.

   a. juegas

   b. juego

   c. jugó

   d. jugué

14. —Ahora pongo la mesa.
—¿No la _____ ya?

   a. puse

   b. pusiste

   c. pones

   d. pongo

CULTURA

Indica cuál de las posibilidades completa mejor la oración.

15. Hoy Borinquen se llama _____.

   a. Puerto Rico

   b. la República Dominicana

   c. El Salvador

   d. Honduras

16. El Museo Guggenheim se encuentra en _____.

   a. Barcelona

   b. Caracas

   c. Bilbao

   d. la Ciudad de México

17. Aconcagua es _____.

   a. una ciudad venezolana

   b. una serpiente de Costa Rica

   c. el volcán más alto de América

   d. la capital del imperio azteca

Etapa preliminar

Multiple Choice Test Items

LECTURA ◎◎◎◎◎◎◎◎◎◎◎◎◎◎◎◎◎◎◎◎◎◎◎◎◎◎◎◎◎◎◎◎◎◎◎◎

Lee la siguiente narración y completa las oraciones escogiendo la respuesta correcta.

Fernando y Marcela Obregón viven en Arizona. Siempre querían visitar a sus parientes en Sudamérica. La familia de Fernando es de Colombia y la de Marcela es de Ecuador. Hace dos años decidieron hacer el viaje porque ya tenían suficiente dinero. Fueron a una agencia de viajes y hablaron con un agente que les organizó un viaje de veintiún días, catorce en Colombia y siete en Ecuador. Fueron primero a Cartagena donde se quedaron en casa de los primos de Fernando. Les encantó la arquitectura española de Cartagena. ¡Y qué suerte! Les tocó ver la fiesta de la independencia de Colombia. El país declaró su independencia de España en 1811. Después fueron a Bogotá donde se quedaron con una tía de Fernando. Hicieron mucho turismo. Les encantaron los objetos de arte en el Museo de Oro. Luego viajaron a Ecuador y allí se quedaron con los tíos de Marcela en Quito. Sus tíos los llevaron a Guayaquil. Pasaron las tres semanas y los Obregón volvieron a casa cansados pero felices.

18. Los Obregón visitaron a sus parientes en _____.

    a. México y Chile

    b. Centroamérica

    c. Mar del Plata

    d. Colombia y Ecuador

19. En Cartagena Fernando y Marcela _____.

    a. conocieron el Museo de Oro

    b. vieron la fiesta de la independencia colombiana

    c. pasaron catorce días haciendo turismo

    d. se quedaron en casa de los primos de Marcela

20. Marcela y Fernando fueron a Ecuador y _____.

    a. visitaron Quito y Guayaquil

    b. nadaron el el lago Titicaca

    c. se quedaron tres semanas

    d. conocieron a los tíos de Fernando

VOCABULARIO 🌀🌀🌀🌀🌀🌀

Indica cuál de las posibilidades completa mejor la oración.

1. Los padres de Pedro le dan todo lo que pide. Es un niño _____.
   a. tímido
   b. mimado
   c. comprensivo
   d. fiel

2. Cuadrado es _____ de redondo.
   a. la diferencia
   b. lo mejor
   c. el siguiente
   d. lo opuesto

3. Un hombre que ha perdido el pelo es _____.
   a. pecoso
   b. ondulado
   c. calvo
   d. rojizo

4. Los buenos chicos _____ a sus padres.
   a. comparten
   b. discuten
   c. influyen
   d. respetan

5. Ese chico siempre contesta con malas palabras. ¡Qué _____!
   a. descarado
   b. tímido
   c. agradable
   d. considerado

6. No me gusta llevar anteojos. Prefiero _____.
   a. los lentes de contacto
   b. el bigote
   c. el flequillo
   d. las pecas

7. ¡Qué guapa estás, Lucía! _____ muy bien, chica.
   a. Me haces caso
   b. Tienes en común
   c. Resuelves
   d. Te ves

GRAMÁTICA 🌀🌀🌀🌀🌀🌀🌀🌀

Indica cuál de las posibilidades completa mejor la oración.

8. Cuando llegué, Cristina ya no estaba. Ya _____.
   a. sale
   b. había salido
   c. va a salir
   d. ha salido

9. La clase de matemáticas _____ a las ocho, en el segundo piso.
   a. es
   b. está
   c. son
   d. están

10. Yo hacía la tarea cuando _____ Juan a mi casa.
    a. va a llegar
    b. llega
    c. llegó
    d. había llegado

11. _____ las diez de la noche cuando volvieron del restaurante.

    a. Han sido

    b. Son

    c. Fueron

    d. Eran

12. —¿Terminaste la carta?
    —No, todavía no la _____.

    a. escribo

    b. he escrito

    c. escribía

    d. había escrito

13. Martín buscó su balón, salió de su casa, _____ al parque y empezó a jugar al fútbol con sus amigos.

    a. va

    b. fue

    c. ha ido

    d. iba

14. Cuando mi hermano era pequeño, _____ miedo de los perros.

    a. tenía

    b. tuvo

    c. ha tenido

    d. tiene

CULTURA 🌀🌀🌀🌀🌀🌀🌀🌀🌀🌀

Indica cuál de las posibilidades completa mejor la oración.

15. Memo y Beto son _____.

    a. muchachas

    b. apodos

    c. tallas

    d. formas de la cara

16. El compadre _____.

    a. no es un amigo.

    b. es un hombre joven.

    c. es el padrino del ahijado

    d. tiene responsabilidad.

17. Oscar de la Hoya es _____.

    a. diseñador de ropa y de artículos de moda

    b. astronauta

    c. campeón de boxeo

    d. actor en un teatro español

LECTURA ◎◎◎◎◎◎◎◎◎◎◎◎◎◎◎◎◎◎◎◎◎◎◎◎◎◎◎◎◎◎

Lee el siguiente diálogo. Indica cuál de las posibilidades completa mejor la oración.

Sara:	Oye, Mirella. ¿Quién es esa chica?
Mirella:	¿Cuál? La chica de la cola de caballo?
Sara:	No, ella no. La otra. La chica esbelta con anteojos y flequillo.
Mirella:	Ah, es Carmen Enríquez. Es una nueva estudiante. Acaba de llegar a nuestra ciudad. Creo que es de la República Dominicana.
Sara:	¡Qué interesante! Habla español, entonces. ¿Crees que ya tiene amigas aquí?
Mirella:	No creo. Es un poco tímida, me parece. No habla con mucha gente.
Sara:	¿Por qué no la invitamos a la fiesta del sábado? Va a venir mucha gente, y podemos presentarla a nuestros amigos. Muchos estudian español y siempre tienen ganas de practicar.
Mirella:	¡Qué buena idea! Vamos a hablar con ella ahora. Nos presentamos y le hablamos sobre la fiesta. Estoy segura de que va a venir.
Sara:	Sí, vamos.

18. Sara pregunta sobre _____.

   a. una chica que no conoce

   b. Mirella

   c. la gente que viene a la fiesta

   d. sus amigos

19. Carmen Enríquez _____.

   a. está en la República Dominica

   b. es amiga de Mirella

   c. es una nueva estudiante

   d. es la chica de la cola de caballo

20. Deciden invitar a Carmen a la fiesta porque _____.

   a. es descarada y vanidosa

   b. no conoce a mucha gente

   c. vienen todos los amigos de Carmen

   d. no se quiere presentar

VOCABULARIO 〰〰〰〰〰〰〰

Indica cuál de las posibilidades mejor completa la oración.

1. Llevo _____ para correr.

   a. sudaderas

   b. un vestuario

   c. un abrigo pesado

   d. ropa incómoda

2. Pablo pasa el día _____ por Internet en casa.

   a. volando

   b. esquiando

   c. pescando

   d. navegando

3. ¿La llave? No encuentro _____.

   a. el fleco

   b. el llavero

   c. la medalla

   d. los lunares

4. Busca dinero en _____.

   a. la temporada

   b. el algodón

   c. la billetera

   d. el cuero

5. ¿De qué es el traje? _____.

   a. De España.

   b. De seda.

   c. Tiene lunares.

   d. Estampado.

6. Me molestan estos zapatos nuevos. Son _____.

   a. de un solo color

   b. formidables

   c. geniales

   d. incómodos

7. Vamos a escalar _____.

   a. en tabla de vela

   b. en el agua

   c. montañas

   d. en planeador

GRAMÁTICA 〰〰〰〰〰〰〰〰〰

Indica cuál de las posibilidades mejor completa la oración.

8. Yo _____ al concierto el sábado.

   a. iré

   b. irá

   c. irán

   d. irás

9. Marta no _____ con Pepe mañana.

   a. salió

   b. saldrá

   c. ha salido

   d. había salido

10. A Paula _____ bien los pendientes.

   a. les queda

   b. le queda

   c. les quedan

   d. le quedan

11. ¿Federico? A todos _____ mal.

   a. le cae

   b. le caen

   c. les cae

   d. les caen

12. Pasarán _____ el centro _____ llegar a la carreterra.

   a. por/para

   b. para/para

   c. para/por

   d. por/por

13. _____ mucha gente en la fiesta la semana que viene.

   a. Había

   b. Habrá

   c. Hubo

   d. Hay

14. ¿Ustedes _____ navegar por Internet por la tarde?

   a. querrán

   b. querremos

   c. querrá

   d. querrás

CULTURA 🎴🎴🎴🎴🎴🎴🎴🎴🎴🎴

Indica cuál de las posibilidades mejor completa la oración.

15. Araceli Segarra _____.

   a. pilotó una avioneta

   b. diseñó ropa de moda

   c. escaló montañas

   d. esquió en el agua

16. Oscar de la Renta es _____.

   a. estrella de cine

   b. reportero

   c. profesor de filosofía

   d. diseñador de ropa

17. Oscar de la Renta nació en _____.

   a. la República Dominicana

   b. Madrid

   c. Nueva York

   d. Tejas

LECTURA ⟨@@@@@@@@@@@@@@@@@@@@@@@@@@@@@@@@⟩

Lee el siguiente diálogo. Indica cuál de las posibilidades mejor completa la oración.

Dependiente:	¿Puedo ayudarle, señorita?
Cliente:	Sí, por favor. Necesito una blusa de color claro. Tiene que hacer juego con una falda verde y una chaqueta marrón.
Dependiente:	¿Le gusta esta blusa estampada? Tiene varios colores claros. Es de poliéster.
Cliente:	No me interesan las blusas estampadas. Y los colores son horribles. Además detesto el poliéster.
Dependiente:	Bueno, ¿qué le parece esa blusa roja? Es de algodón.
Cliente:	Pero el rojo es un color brillante. Esa blusa no me quedará bien. No hará juego con mi falda verde. Y tiene lunares. ¡Qué horror!
Dependiente:	Ah, creo que hay otra blusa que puede interesarle. ¿Qué le parece esta blusa blanca? Es de seda. Hará juego con su falda verde y su chaqueta marrón.
Cliente::	Pero tiene lentejuelas. No me gustan las blusas aquí. ¡Este almacén es horrible! Adiós.

18. La cliente entra en la tienda porque
_____.

    a. no hace juego con su falda

    b. conoce a la dependiente

    c. desea comprar una blusa

    d. quiere una blusa con lentejuelas

19. A la cliente no le gusta la blusa roja
porque _____.

    a. hace juego con su chaqueta

    b. no es de ella

    c. quiere una blusa de poliéster

    d. no le gustan los colores brillantes

20. La cliente sale de la tienda porque
_____.

    a. no encuentra lo que busca

    b. ya tiene lo que necesita

    c. no tienen blusas en ese almacén

    d. la dependiente no trata de ayudarla

VOCABULARIO 𓋼𓋼𓋼𓋼𓋼

Indica cuál de las posibilidades completa mejor la oración.

1. Cambié _____ de la lámpara.

  a. la nevera

  b. el césped

  c. la bombilla

  d. el llavero

2. Ya se apagó _____.

  a. la medalla

  b. el mondero

  c. el basurero

  d. la calefacción

3. Se necesita _____ la computadora.

  a. enchufar

  b. regar

  c. vaciar

  d. desyerbar

4. Creo que el cortacésped está abajo en _____.

  a. el desván

  b. el sótano

  c. el lavaplatos

  d. la nevera

5. Se deben _____ las plantas hoy.

  a. regar

  b. desarmar

  c. encender

  d. enchufar

6. Los papeles se encuentran en _____.

  a. el televisor

  b. la aspiradora

  c. el gabinete

  d. los quehaceres

7. Leo y Manolo se odian. Por eso _____.

  a. se llevan bien

  b. se pelean

  c. se apoyan

  d. se ayudan

GRAMÁTICA 𓋼𓋼𓋼𓋼𓋼𓋼

Indica cuál de las posibilidades completa mejor la oración.

8. Martín y Julia _____ el cortacésped ayer.

  a. se armaron

  b. armarán

  c. armaron

  d. se armará

9. _____ el jardín mañana.

  a. Desyerbó

  b. Se desyerbará

  c. Ha desyerbado

  d. Se desyerbó

10. Al ver a su prima, Berta _____.

  a. entusiasmó

  b. se entusiasmaron

  c. entusiasmaron

  d. se entusiasmó

11. Gregorio y Raquel _____ nerviosos cuando _____.

    a. se ponen/se ven

    b. se ponen/ven

    c. ponen/ven

    d. ponen/se ven

12. Matilde y yo _____ por Internet.

    a. escribí

    b. se escriben

    c. nos escribimos

    d. se escribieron

13. Usted _____ el césped.

    a. se cortó

    b. se cortará

    c. cortó

    d. cortan

14. Ricardo y yo _____ muy bien.

    a. se conocen

    b. nos conocemos

    c. conozco

    d. se conoce

CULTURA ⊙⊙⊙⊙⊙⊙⊙⊙⊙⊙⊙⊙

Indica cuál de las posibilidades completa mejor la oración.

15. La casa en Mango Street es una novela de _____.

    a. Sammy Sosa

    b. Elena Poniatowska

    c. Esperanza Cordero

    d. Sandra Cisneros

16. Tito Puente es _____.

    a. padrino

    b. timbalero

    c. jugador de béisbol

    d. novelista

17. Tito Puente nació en _____.

    a. Nueva York

    b. Chicago

    c. Puerto Rico

    d. Los Angeles

Unidad 1 Etapa 3

Multiple Choice Test Items

LECTURA

Lee el siguiente diálogo. Indica cuál de las posibilidades completa mejor la oración.

> **Lola:** Oye, chica, ¿qué te pasa? No te vi hoy en la clase de biología. ¿No te animas a ir al cine ahora?
>
> **Mari:** Claro que no me animo. ¿No sabes lo que pasó? Mauricio y yo nos peleamos. Ya no nos hablamos.
>
> **Lola:** ¿Cómo puede ser? Ustedes siempre se llevan tan bien.
>
> **Mari:** Ya no. Nos enojamos. Todo se acabó.
>
> **Lola:** ¿Por qué se enojaron? ¿Qué pasó?
>
> **Mari:** Es por los chismes. Mauricio cree que yo tengo otro novio.
>
> **Lola:** ¿Otro novio? ¿Quién dijo eso?
>
> **Mari:** No importa quién. Mauricio cree que yo salgo con Timoteo.
>
> **Lola:** ¿Con Timoteo? Pero si sale conmigo. ¡Ahora me enojo yo!

18. Lola no vio a Mari _____.

   a. en el colegio

   b. en el cine

   c. en casa

   d. con Timoteo

19. Mari y su novio _____.

   a. se contaban chismes

   b. se llevan muy bien

   c. se pelearon

   d. se escriben por Internet

20. Lola está enojada porque _____.

   a. odia a Mari

   b. Timoteo y Mauricio se cuentan chismes

   c. Mari no la perdona

   d. alguien dijo que Timoteo es novio de Mari

Unidad 1
Etapa 3

Multiple Choice Test Items

ENTREVISTA ⦿⦿⦿⦿⦿⦿⦿⦿⦿⦿⦿⦿⦿⦿⦿⦿⦿⦿⦿⦿⦿⦿⦿⦿⦿⦿⦿⦿

Antes de mirar la sección de *Entretrevista con Robert Castro* en el video para esta unidad, lee las actividades para familiarizarte con la información que necesitas saber para hacer las actividades.

ACTIVIDAD 1 Así somos

¿Cierto o falso? Marca con un círculo la **C** si la oración es cierta o la **F** si la oración es falsa.

C   F   **1.** Robert tiene veintitrés años.

C   F   **2.** Su apellido es Castro.

C   F   **3.** Robert nació en Los Ángeles.

C   F   **4.** Fue fácil para Robert cuando llegó su familia a Estados Unidos.

C   F   **5.** Su familia llegó a Estados Unidos. hace ocho años.

ACTIVIDAD 2 ¿Y después?

Ordena los temas de la entrevista con Robert en el orden en que pasaron.

_____ **A.** La gente trabaja mucho en Estados Unidos.

_____ **B.** Hay una diferencia entre las personas hispanas y las personas de otro origen.

_____ **C.** El papá de Robert no quiso que Robert olvidara el español.

_____ **D.** La comida de su mamá es excelente.

_____ **E.** Tiene familia fuera de Estados Unidos.

ACTIVIDAD 3 Roberto

Contesta las siguientes preguntas.

1. ¿Por qué no se preocupó el padre de Robert por el inglés de su hijo?

_____

2. ¿Por qué tiene la familia de Robert muy poco contacto con los familiares en Cuba?

_____

3. Según Robert, ¿cuál es una diferencia entre los hispanos y las personas de otro origen?

_____

4. ¿Qué piensa Robert sobre la costumbre que él observa en Estados Unidos de prestar más atención al trabajo que a la familia?

_____

5. Según su papá, ¿dónde iba a aprender el inglés Robert?

_____

EN COLORES: CULTURA

Antes de mirar la sección de En colores en el video para esta unidad, lee las actividades para familiarizarte con la información que necesitas para hacer las actividades.

ACTIVIDAD 4 Los números: ¿Cuántos hispanos hay en... ?

Rellena los espacios en blanco.

El video habla de _____ hispanos en Estados Unidos. Dice que hay

_____ de puertorriqueños en Nueva York. En Los Ángeles, hay

_____ de mexicanos, y en Miami hay _____ cubanos. ¿Conoces

otras ciudades dónde hay muchos hispanos? _____

Unidad 1 · Video Activities

5 ¿Cierto o falso?

Marca con un círculo la **C** si la oración es cierta o la **F** si la oración es falsa.

C F **1.** Néstor Torres es músico.

C F **2.** Toca el piano.

C F **3.** Su padre es músico también.

C F **4.** Nació en Cuba.

C F **5.** Sabía desde la edad de catorce años que quería ser músico.

6 ¿Comprendiste?

Contesta con oraciones completas.

1. ¿Cuál es la ciudad natal de Néstor Torres?

_____

2. ¿Dónde recuerda haber almorzado cuando era niño?

_____

3. Habla de tres instrumentosque. ¿Cuáles son?

_____

4. ¿Cuáles otros músicos menciona Néstor?

_____

5. Explica su actitud sobre el hecho de que es latinoamericano.

_____

Unidad 1

Video Activities

ACTIVIDAD 7 A pensar y escribir más...

Contesta estas preguntas.

1. ¿Has vivido o viajado fuera de Estados Unidos? _____

¿Dónde? _____

2. ¿Cuál es tu opinion sobre la idea de Néstor que la vida en Estados Unidos es dura y fría?

_____

_____

_____

_____

3. Néstor dice que luchó para tener éxito con la música. Dice también que pasoó hambre. Imagina su vida a él en ese momento, con todos sus obstáculos. Da todos los detalles posibles. ¿Serías capaz de trabajar tanto por un sueño? ¿Cuál? Explica.

_____

_____

_____

_____

4. Néstor da la impresión que el sufrimiento y una vida dura no son malos para el carácter. ¿Qué piensas tú?

_____

_____

_____

5. Compara las opiniones de Robert y Néstor sobre la vida y el trabajo en Estados Unidos. ¿Estás de acuerdo? ¿Por qué? ¿Por qué no? Explica.

_____

_____

_____

_____

_____

_____

Unidad 1 Video Activities

Entrevista

Robert Castro: Yo me llamo Robert Castro y tengo 22 años de edad. Yo vivo en Los Ángeles, California. Yo nací en La Habana, Cuba. Mi familia llegó a los Estados Unidos hace 18 años. Para mí no fue muy difícil porque era muy chiquito, pero para mis padres sí fue muy difícil... Llegar a un país extranjero, es muy difícil. Sí, tenemos familia fuera de los Estados Unidos. Están en Cuba pero tenemos muy poco contacto debido al sistema político entre Estados Unidos... Cuba. Sí, hay una diferencia entre las personas hispanas y las personas de otro origen. Yo creo, mi opinión, que las personas hispanas siempre están con la familia. Lo primero para ellos es la familia. Como en los Estados Unidos la gente trabaja tanto, que le prestan muy poca atención a la familia... Pero yo no creo que es malo, yo creo que es bueno trabajar y seguir sus sueños. Eso es América. Pero no olvidarse de su familia. Mantenemos las costumbres. En mi casa, mi papá nunca quiso que yo perdiera el español, porque él sabía que en la calle o en la escuela, con los amigos, yo iba a aprender el inglés perfecto, pero el español se me podía ir... y siempre quiso que habláramos español. Y las comidas que hace mi mamá son excelentes... y siempre cocina las mismas comidas. *I like for people to remember in me: first, I'll say that I'm very proud of being a Latino – because that's what I am. And you should be proud of what you are, because that's what you are. You know, that's great! And I like to be remembered as someone who always loved his family very much, because family is so important in life. You know, they're the ones that really care about you. And someone who always followed his goals and dreams . . . and tried to enjoy life to the fullest, day by day.*

En colores: Cultura y comparaciones

Video Program Videotape 1/Videodisc 1A

Search Chapter 1, Play to 2
U1 • En colores

Narrator: Más de 20 millones de hispanos residen en los Estados Unidos. Hay más de un millón de puertorriqueños en la ciudad de Nueva York... más de siete millones de mexicanos en Los Angeles y más de 600 mil cubanos en Miami, la capital del sol. Esta sección, «Así Somos», presentará cada semana el perfil de una de nuestras comunidades hispanas. Hoy, Néstor Torres, de origen puertorriqueño, nos habla de sus raíces, de su gente, y de los recuerdos de su tierra natal.

Néstor Torres: De muy pequeñito, yo primero viví en área metropolitana pero ya a los cinco años nos mudamos a mi pueblo natal de Mayagüez, de donde es la familia de mi mamá, los **Forestierre...** y nos mudamos a una casa así en medio de las montañas... y me acuerdo mucho de eso. Del campo, jugando en la casa de mi abuelo donde tenía muchas montañas... y cogiendo mandarinas y toronjas... yendo a la playa los domingos, los almuerzos... los domingos en la tarde en casa de mi abuelo.

Narrator: Hijo de músico, Néstor Torres descubre la flauta a muy temprana edad. A los catorce

Unidad 1

Videoscripts

Néstor Torres: años ya había decidido que la música era su futuro.

Néstor Torres: La música siempre fue tan natural para mí que, no creas, yo nunca pensé que iba a ganarme la vida tocando música hasta que ya tenía trece o catorce años, donde un día me di cuenta. Precisamente teníamos una bandita – mis primos y yo – y esa bandita se desbandó, ¿no? ...y eso lo extrañé mucho y me di cuenta, ¡Caramba! ¡Yo quiero! ¡Esto es lo que yo quiero hacer! Es a esto es a lo que me voy a dedicar.

Narrator: Su padre se traslada a Nueva York, la ciudad de los rascacielos, y allí se abren nuevos horizontes.

Néstor Torres: Cuando yo llegué a Nueva York, tuve la oportunidad de empezar a trabajar con orquestas de música latina: de salsa, o específicamente de *charanga*, que es el tipo de música afrocubana que consiste de los violines, la flauta, el timbal, voces en unísono, y para mí eso fue la escuela. Una escuela muy importante porque ahí empecé, ahí fue que me enfrenté y aprendí los rudimentos de la música afrocubana... del ritmo, de la clave, del estilo de la flauta dentro de esa música. Me acuerdo que antes de mudarme, pero unos meses antes de mudarme para Nueva York fui a visitar a mi papá. Fuimos a ver a Tito Puente, estaban Tito Puente y Machito en el Caborrojeño... y no sé ni cómo me atreví a tocar con Tito Puente por primera vez... Él fue muy amable conmigo y después me llamó y me dijo: «Tienes que tocar la música así, en registro muy alto, muy agudo». Y así fue mi introducción a esa música. En otras palabras, la primera impresión que recibí

al llegar a Estados Unidos fue de aprender a tocar la música afrocubana. Y, por supuesto, la escuela. Al mismo tiempo fui a *Miner's College of Music* y empecé a recibir entrenamiento dentro de música clásica también.

Narrator: ¿Qué cambios hubo en tu vida?

Néstor Torres: Oh, total. Libertad, de pensamiento, de expresión. En Puerto Rico, como en todos los países latinoamericanos, tenemos unas ideas bien fijas de cómo son los hombres, las mujeres, y los chicos y las chicas, y lo que se espera y no se espera. Yo nunca fui el tipo de persona regular. Yo siempre era para mi leyendo, muy filosófico. Un chico muy extraño, ¿no?

Narrator: ¿Cómo son los puertorriqueños que viven en los Estados Unidos? ¿Son diferentes de los que viven en la Isla?

Néstor Torres: Hay una diferencia entre los **puertorriqueños** que viven fuera de Puerto Rico y los puertorriqueños [sic], como dicen. Naturalmente, hay diferentes aspectos. La vida en Estados Unidos para los latinoamericanos es mucho más dura, mucho más fría. La lucha por la supervivencia es mucho más severa. No que sea malo porque la lucha y el esfuerzo y la dificultad son muy buenos para el carácter de las personas, ¿no? En Puerto Rico, somos más relajados, más... como que se disfruta un poquito más de las cosas, ¿no? Básicamente, hay una diferencia entre nosotros y los puertorriqueños de allá, y los «*Puerto Ricans*» en New York, en el sentido de que al tener que infiltrar o formar parte de la cultura norteamericana pues, entonces, hay una actitud mucho más flexible, mucho más abierta para muchas cosas.

Narrator: Néstor Torres define su música como Jazz-Latino-Pop. Su primer disco, «Morning Ride» – «Paseo en la mañana,» ha obtenido el primer lugar de sintonía en encuestas de radio.

Néstor Torres: Gloria Estefan y Julio Iglesias están en el número dos y, en seguida que salió el disco, fuimos número uno. Entonces, Gloria ahora es dos y Julio tres. Para mí eso es una sorpresa. ¡Fue una sorpresa increíble! Y ahora, pues, nos estamos concentrando en darnos a conocer en el país, darnos a conocer nacionalmente... en el Caribe, y obviamente eventualmente Japón y el mundo entero.

Narrator: Nacido en la Isla del Encanto, se trasladó a Nueva York y ahora reside en la ciudad de Miami. Néstor Torres es digno ejemplo de superación para los hispanos en los Estados Unidos.

Néstor Torres: Me siento muy orgulloso de ser latinoamericano. Pero, más que nada, como latinoamericano, creo que la buena fortuna que he podido disfrutar o he podido obtener a través de todos estos años de lucha muy dura – porque no hemos hablado, no lleguemos a hablar de los años difíciles y de la lucha y el hambre, y lo difícil que es poder llegar. Pero siempre mi actitud ha sido de Néstor Torres, la persona. Néstor Torres, ser humano primero, latinoamericano después. Soy persona pero con mi cultura y mi herencia y eso es lo que yo tengo que aportar a la sociedad donde me encuentro.

Diagnostic Placement Test

1. c
2. a
3. d
4. c
5. b
6. d
7. b
8. a
9. b
10. c
11. c
12. a
13. c
14. b
15. d
16. c
17. a
18. a
19. d
20. a
21. c
22. b
23. d
24. a
25. a
26. d
27. b
28. b
29. b
30. c
31. b
32. b
33. c
34. a
35. d
36. a
37. d
38. c
39. d
40. b

Etapa Preliminar
Answer Keys

Information Gap Activities

Actividad 1

Estudiante A

Alfredo Romero corrió por el parque, mandó correo electrónico, leyó un libro y llamó a un amigo.

Carmen Dávila miró la televisión, hizo la tarea, cenó con su familia y se acostó.

Answers will vary.

Estudiante B

Alfredo Romero corrió por el parque, mandó correo electrónico, leyó un libro y llamó a un amigo.

Carmen Dávila miró la televisión, hizo la tarea, cenó con su familia y se acostó.

Answers will vary.

Actividad 2

Estudiante A
Se fueron a la playa.
Comieron en restaurantes.
Sacaron fotos.
Bailaron.

Estudiante B
Vieron un partido de fútbol.
Esquiaron.
Fueron de compras.
Fueron a un museo.

Actividad 3

Estudiante A
Pablo se despertó, levantó, afeitó y duchó.

Estudiante B
Margarita se bañó, maquilló, peinó y vistió.

Actividad 4

Estudiante A
Él(ella) limpió mi cuarto.
Su mamá y su abuela hicieron la comida.
Su abuelo trabajó en el jardín.
Su papá fue al supermercado.

Estudiante B
Él(ella) compro una pizza.
Sus hermanito cortó el césped.
Su mamá hizo (preparó) una torta.
Su papá y mi hermanita miraron la televisión.

Cooperative Quizzes

Quiz 1
1. alquilan
2. recibe
3. leemos
4. me pongo
5. te despiertas

Quiz 2
1. se divirtieron
2. durmieron
3. se vistió
4. pidió
5. prefirieron

Quiz 3
1. fui
2. hiciste
3. pusimos
4. estuvieron
5. supo

Quiz 4
1. empecé
2. llegué
3. almorcé
4. saqué
5. pagué

Exam Form A

A.
1. d
2. a
3. c
4. c
5. b

B.
1. C
2. C
3. C
4. C
5. F

C. Answers will vary.

D.
1. patinaron
2. puso
3. anduvieron
4. se vistió
5. se divirtieron

E.
1. nadamos, corren
2. pone, se sienta
3. vuelvo, se acuestan
4. salgo, insiste
5. vives, se ayudan

F.
1. se despidieron, saqué
2. fuimos, vino
3. estuviste, dormimos
4. pagué, supe / supimos
5. se vistieron, quisieron

G. Answers will vary. Possible answers:
1. Mi amigo me envió unas cartas por correo electrónico.
2. Ayer jugamos al tenis con Rafael.
3. Puso unos discos compactos para bailar.
4. Hicieron un viaje al Cono Sur.
5. Les trajiste unos regalos de España.

H. Answers will vary.

I. Answers will vary.

Exam Form B

A.
1. a
2. d
3. b
4. b
5. c

B.
1. C
2. F
3. C
4. F
5. F

C. Answers will vary.

D.
1. hablaron/se divirtieron
2. anduvieron/caminaron/pasearon
3. puso
4. patinaron
5. se maquilló

E.
1. vives, se ayudan
2. salgo, insiste
3. vuelvo, se acuestan
4. pone, se sienta
5. nadamos, corren

F.
1. estuviste, dormimos/durmieron
2. fuimos, vino
3. se despidieron, saqué
4. se vistieron, quisieron
5. pagué, supimos/supe

G. Answers may vary. Possible answers:
1. Jugamos al tenis.
2. Hicieron un viaje.
3. Trajiste unos regalos.
4. Mi amigo me envió un mensaje por correo electrónico.
5. Ella puso unos discos compactos.

H. Answers will vary.

I. Answers will vary.
Suggested guidelines follow:
1. Hice (eco)turismo.
2. Fui a ver...
3. Me divertí haciendo...
4. Conocí...
5. Salí del hotel a.../Volví al hotel a...

Examen para hispanohablantes

A.
1. Es de origen cubano y español.
2. Eran de México, España y el Caribe.
3. Vive en un barrio mexicano-americano bien conocido en San Francisco.
4. La llevaron a unas taquerías y tiendas de su barrio.
5. Viene a Nueva York todos los años para celebrar el día de la Independencia de la República Dominicana.

B.
1. C
2. F
3. F
4. F
5. C

C. Answers will vary.

D.
1. pasearon/caminaron/anduvieron
2. hablaron
3. patinaron
4. puso
5. se maquilló

E.
1. pone, se sienta
2. vuelvo, se acuestan
3. salgo, insiste
4. vives, se ayudan
5. nadamos, corren

F.
1. Nos despedimos de nuestros amigos hace cinco minutos.
2. Saqué fotos en Centroamérica.
3. Fuimos a Argentina en agosto.
4. Vino a las siete.
5. Me vestí muy temprano./Me tuve que vestir muy temprano.

G. Answers will vary. Possible answers:
1. Mi amigo me envió un mensaje por correo electrónico.
2. Ayer juguamos al tenis.
3. Puso unos discos compactos para bailar.
4. Hicieron un viaje al Cono Sur.
5. Les trajiste unos regalos de España.

H. Answers will vary.

I. Answers will vary.
Suggested guidelines follow:
1. Hice (eco)turismo.
2. Fui a ver...
3. Me divertí haciendo...
4. Conocí...
5. Salí del hotel a.../Volví al hotel a...

Multiple Choice Test Items
1. a
2. c
3. b
4. d
5. b
6. b
7. c
8. b
9. a
10. d
11. a
12. c
13. d
14. b
15. a
16. c
17. c
18. d
19. d
20. a

Unidad 1
Etapa 1 Answer Keys

Information Gap Activities

Actividad 1

Estudiante A
Marta Osorio lleva anteojos. Tiene el pelo largo, de color negro. Lleva el pelo en cola de caballo. No tiene pecas.

Estudiante B
Lorenzo Rosales juega al baloncesto. Tiene el pelo castaño y los ojos de color café. Lleva bigote.

Actividad 2

Estudiante A
Catalina Márquez Sosa es de Perú. Ahora está trabajando en Nueva York.
Rafael Mandonado es de Venezuela. ahora está en Miami de visita.

Estudiante B
Nélida Morales es de Puerto Rico. Ahora vive en Chicago.
Osvaldo Camacho Gómez es de México. Ahora estudia en Los Ángeles.

Actividad 3

Estudiante A y Estudiante B
Antes, Ileana nadaba. Ahora ella lava los platos.
Antes, Pedro jugaba al béisbol. Ahora él barre el piso de la cocina.
Antes, Rodrigo miraba dibujos animados en la televisión. Ahora él pasa la aspiradora en la sala.
Antes, Adriana iba a menudo a la biblioteca a leer libros. Ahora ella hace las camas.

Actividad 4

Estudiante A
1. Roberto y Claudia fueron al cine.
2. Roberto y Claudia cenaron (en un restaurante).
3. Claudia volvió a casa en taxi.

Estudiante B
1. Monica Davis es una chica rubia con pecas.
2. Marcos Benítez es un futbolista/juega al fútbol.
3. Eladio Menéndez es un señor con barba y pelo negro.
4. Paula Chang González es una chica con pelo negro que lo lleva en cola de caballo.

Cooperative Quizzes

Quiz 1
1. es
2. están
3. es
4. son
5. están

Quiz 2
1. llovía
2. le hacían
3. iba
4. discutían
5. veíamos

Quiz 3
1. veía
2. barrió
3. volví
4. eran
5. puse

Quiz 4
1. Todavía no la he escrito.
2. Todavía no la he abierto.
3. Todavía no lo he visto.
4. Todavía no los he terminado.
5. Todavía no la he preparado.

Exam Form A

A.
1. c
2. d
3. a
4. c.
5. b

B.
1. F
2. C
3. F
4. F
5. C

C. Answers will vary.

D.
1. soy, está
2. son, Es
3. está, estoy
4. está
5. está, es
6. son

E.
Eran
iba
empezó
corrió
sirvió

F.
1. Yo no sabía que ustedes habían preparado la cena.
2. Ellos no sabían que nosotros habíamos visto a José.
3. Tú no sabías que Marta se había acostado.
4. Nosotros no sabíamos que tú habías salido.
5. Mi amigo no sabía que yo había abierto la puerta.

G.
1. ha desyerbado el jardín
2. ha comido la torta
3. ha sacado una buena nota en el examen
4. ha pasado la aspiradora
5. ha perdido el libro

H. Answers will vary.

Exam Form B

A.
1. a
2. b
3. d
4. d
5. c

B.
1. C
2. F
3. F
4. F
5. C

C. Answers will vary.

D.
1. son
2. soy, está
3. son, Es
4. está, estoy
5. está
6. está, es

E.
Eran
iba
empezó
corrió
sirvió

F.
1. Mi amigo no sabía que yo había abierto la puerta.
2. Yo no sabía que ustedes habían hecho la cena.
3. Tú no sabías que Marta se había acostado.
4. Ellos no sabían que nosotros habíamos visto a José.
5. Nosotros no sabíamos que tú habías salido.

G.
1. ha perdido el libro
2. ha pasado la aspiradora
3. han comido la torta
4. ha sacado una buena not en el examen
5. ha desyerbado el jardín

H. Answers will vary.

Examen para hispanohablantes

A. Answers will vary. Possible answers:
1. Carlos Ortega es estudiante de una escuela secundaria de Los Ángeles, California.
2. Le gusta el equipo porque hay muchos muchachos simpáticos. / Le gusta el equipo porque le gustan los deportes.
3. Pedro Villanueva es el mejor amigo de Carlos.
4. Empezaron a salir en octubre.
5. Tienen mucho interés en el béisbol.

B.
1. F
2. F
3. C
4. F
5. C

C. Answers will vary.

D.
1. soy, está
2. son, Es
3. está, estoy
4. está
5. está, es
6. son

E.
1. fue
2. iba
3. empezó
4. corrió
5. sirvió

F.
1. Yo no sabía que ustedes habían hecho la cena.
2. Ellos no sabían que nosotros habíamos visto a José.
3. Tú no sabías que Marta se había acostado.
4. Nosotros no sabíamos que tú habías vuelto.
5. Mi amigo no sabía que yo había abierto la puerta.

G. Answers will vary. Possible answers:
1. César está cansado porque ha desyerbado el jardín
2. Los señores Gasque están enojados porque han comido la torta
3. Crista está nerviosa porque ha pasado la aspiradora
4. Martín está frustrado porque ha perdido el libro
5. Conrado está contento porque ha sacado una buena nota en el examen

H. Answers will vary

Etapa 2 Answer Keys

Information Gap Activities

Actividad 1

Estudiante A
Isabel llevauna blusa apretada con una falda de puntos y le quedan mal.
El señor Olivera lleva un traje elegante que le queda bien.
Carmen lleva sudaderas que le quedan bien.
Miguel lleva pantalones anchos de rayas con una camisa de puntos apretada y le quedan mal.

Estudiante B
Consuelo: unos aretes
Marcos: un billetero
Papá: un llavero
Mamá: un prendedor

Actividad 2

Estudiante A
Este verano _____ quiere pilotar una avioneta, esquiar en el agua, hacer montañismo y navegar en tabla de vela.
Estudiante B
Yo he _____. Carolina ha trabajado/jugadao en la computadora. Daniel ha leído en la biblioteca. Amalia ha tocado la guitarra.

Actividad 3

Estudiante A
Sergio ha traído/comprado los refrescos.
Vicente ha puesto las decoraciones.
Sabrina ha hecho el pastel.
Mi compañero(a) de clase ha _____.

Estudiante B
Gerardo va a llevar una camisa blanca, unos jeans, y un chaleco de rayas.
Lucía va a llevar un vestido de puntas con un collar y unos zapatos de tacón.
Micaela va a llevar una blusa blanca con una falda de rayas.
Mi compañero(a) de clase va a llevar _____.

Actividad 4

Estudiante A
5. Él va a coleccionar monedas.
6. Van a navegar en su bote.
7. Van de camping.
8. Va a volar en planeador.

Estudiante B
1. Va a reunirse con los amigos.
2. Ella va a mostrar su álbum a su familia.
3. Ellos van a navegar en tabla de vela.
4. Ella va a ir de compras.

Cooperative Quizzes

Quiz 1
1. No, no me cae bien.
2. Sí, le fascinan.
3. No, no nos interesa.
4. Sí, le encantan.
5. Sí, le quedan bien.

Quiz 2
1. por
2. por
3. Para
4. para
5. por

Quiz 3
1. No sé si saldrán.
2. No sé si podrás leer el menú.
3. No sé si haré montañismo.
4. No sé si vendrá.
5. No sé si tendremos frío.

Quiz 4
1. ¿Dónde estará Marisol?
2. ¿Cuándo vendrá el autobús?
3. ¿Qué pasará con Alfredo?
4. ¿Con quién saldrá Isabel?
5. ¿Por qué dirá Pedro esas cosas?

Exam Form A

A.
1. b
2. d
3. c
4. a
5. d

B.
1. C
2. F
3. F
4. C
5. C

C. Answers will vary.

D.
1. prendedor
2. monedero
3. pendientes
4. vestido de seda
5. sudaderas

E.
1. Me gustan las camisetas de algodón.
2. Te encantan los colores oscuros.
3. Les quedan bien los pendientes.
4. Nos fascinan los bolsos de cuero.
5. Le molesta la ropa incómoda.

F.
1. por, para
2. Para, por
3. por, para
4. para, por
5. por, para

G.
1. Raquel y Antonio acamparán en las montañas.
2. Yo esquiaré en el agua.
3. Los diseñadores harán alpinismo en Ecuador.
4. Nosotros pilotaremos una avioneta.
5. Marcos volará en planeador.

H. Answers will vary.

I. Answers will vary.

Exam Form B

A.
1. d
2. d
3. c
4. a
5. b

B.
1. C
2. F
3. F
4. C
5. C

C. Answers will vary.

D.
1. sudaderas
2. pendientes
3. monedero
4. vestido de seda
5. prendedor

E.
1. Le molesta la ropa incómoda.
2. Nos fascinan los bolsos de cuero.
3. Me gustan las camisetas de algodón.
4. Te encantan los colores oscuros.
5. Les quedan bien los pendientes.

F.
1. Para, por
2. por, para
3. por, para
4. por, para
5. para, por

G.
1. Los diseñadores harán alpinismo en Ecuador.
2. Nosotros pilotaremos una avioneta.
3. Raquel y Antonio acamparán en las montañas.
4. Marcos volará en planeador.
5. Yo esquiaré en el agua.

H. Answers will vary.

I. Answers will vary.

Examen para hispanohablantes

A. Answers may vary. Possible answers:
1. Trabaja ahora en Nueva York.
2. Le gusta la ropa de colores brillantes.
3. Ha diseñado faldas rojas, blusas anaranjadas y calcetines amarillos.
4. Le encantan mucho las joyas.
5. Comenzará a diseñar bolsos de cuero y pendientes y prendedores también.

B.
1. Organizaron un club de computación que se llama el Club Web.
2. Hacen listas de páginas que pueden ser útiles para el estudio de diferentes materias.
3. Su amiga Graciela, a quien le gusta el montañismo, quiere escalar el monte Everest.

C. Answers will vary.

D.
1. sudaderas
2. monedero
3. prendedor
4. vestido de seda
5. pendientes

E.
1. A mí me gustan las camisetas de algodón, pero no me gustan los calcetines de lana.
2. A ti te encantan los colores oscuros, pero no te encantan los colores brillantes.
3. A nosotros nos fascinan los bolsos de cuero, pero no nos fascinan los pantalones de cuero.
4. A Claudia y Leonora les quedan bien los pendientes, pero no les quedan bien las cadenas y medallas.
5. A Donaldo le molesta la ropa incómoda, pero no le molestan las sudaderas.

F.
1. por, por
2. por, para
3. Para, por
4. para, para
5. por, para

G. Answers will vary.

H. Answers will vary.

I. Answers will vary.

Etapa 3 Answer Keys

Information Gap Activities

Actividad 1

Estudiante A
1. Hay que desenchufar la computadora.
2. Hay que apagar las luces.
3. Hay que desconectar el teléfono.
4. Hay que vaciar el basurero.

Estudiante B
1. No ha desyerbado el jardín.
2. No ha reparado el carro.
3. Ha limpiado la nevera.
4. Ha desarmado el cortacésped.

Actividad 2

Estudiante A
1. Se levantó.
2. Se secó el pelo.
3. Se vistió.
4. Se puso los zapatos.
5. Se ha despertado.
6. Se ha duchado.
7. Se ha lavado el pelo.
8. Se ha puesto los zapatos.

Actividad 3

Estudiante A
1. Se saludan.
2. Se telefonean.
3. Se llevan bien.
4. Se ayudan con la tarea.

Estudiante B
1. Alfredo se sentía frustrado porque no funcionaba el cortacésped
2. Dolores se sentía emocionada porque recibió un regalo grande.
3. Pedro se sentía nervioso porque tenía un examen
4. Mamá estaba enojada porque mi habitación era un desastre

Actividad 4

Estudiante A
1. El gimnasio se abre a las nueve.
2. Al almuerzo se sirve a las doce y media.
3. Se juega al fútbol a las tres.
4. La biblioteca se cierra a las seis.

Estudiante B
1. Se repara computadoras.
2. Se alquila videos.
3. Se vende ropa.
4. Se enseña idiomas.

Cooperative Quizzes

Quiz 1
1. se telefoneaban
2. nos apoyábamos
3. se peleaban
4. nos ayudábamos
5. se veían

Quiz 2
1. Se repararán
2. Se regará
3. Se desconectará
4. Se desyerbarán
5. Se subirá

Quiz 3
1. se animaron
2. te dedicaste
3. se divirtió
4. nos pusimos
5. me entusiasmé

Quiz 4
1. se sienten
2. entendemos
3. quieren
4. se oponen
5. nos preocupamos

Exam Form A

A.
1. b
2. d
3. c
4. a
5. d

B.
1. F
2. F
3. C
4. F
5. C

C. Answers will vary.

D.
1. enchufar
2. conectar
3. los gabinetes
4. los basureros
5. desenchufa

E.
1. Ramón y Beatriz se telefonean.
2. Laura y Daniela se ayudan.
3. Eduardo y Leonardo se apoyan.
4. Maribel y Francisco se cuentan chismes.
5. Elena y Felisa se saludan.

F.
1. Se desarmarán
2. Se navegará
3. Se apagarán
4. Se cortará
5. Se vaciará

G. Answers will vary.

H. Answers will vary.

I. Answers will vary.

Exam Form B

A.
1. c
2. a
3. a
4. d
5. b

B.
1. F
2. C
3. F
4. C
5. F

C. Answers will vary.

D.
1. los gabinetes
2. los basureros
3. enchufar
4. desenchufa
5. conectar

E.
1. Elena y Felisa se saludan.
2. Maribel y Francisco se cuentan chismes.
3. Eduardo y Leonardo se apoyan.
4. Laura y Daniela se ayudan.
5. Ramón y Beatriz se telefonean.

F.
1. Se apagarán
2. Se cortará
3. Se vaciará
4. Se desarmarán
5. Se navegará

G. Answers will vary.

H. Answers will vary.

I. Answers will vary.

Examen para hispanohablantes

A. Answers will vary. Possible answers:
1. Trabajan para ganar dinero para su escuela.
2. Cortaron el césped y regaron las plantas.
3. Hacen la limpieza.
4. Juan Carlos sabe reparar computadoras.
5. Se animan mucho con su proyecto.

B. Answers will vary. Possible answers:
1. ocho personas.
2. ha llegado la tía con toda su familia.
3. quiere estar con sus primas mayores.
4. todo el mundo ayuda.
5. deben sacar muy buenas notas.

C. Answers will vary.

D.
1. vaciar los basureros
2. conectar el lavaplatos
3. organizar los gabinetes
4. enchufar la computadora
5. desenchufar el refrigerador

E. Answers will vary.

F. Answers will vary. Possible answers:
1. ¿Cuándo se apagarán las luces?
2. ¿Cuándo se cortará el césped?
3. ¿Cuándo se limpiará el sótano?
4. ¿Cuándo se armarán las computadoras?
5. ¿Cuándo se pasará la aspiradora?

G. Answers will vary.

H. Answers will vary.

I. Answers will vary.

Unit Comprehensive Test

A.
1. F
2. C
3. C
4. F
5. C

B. Answers will vary. Possible answers:
1. ir a una fiesta esta noche (en la casa de una amiga)
2. porque no está muy de moda
3. no hacen juego (con la falda gris con lentejuelas)
4. su vestido negro de seda
5. unas pendientes y una cadena

C.
1. C
2. F
3. F
4. F
5. C

D. Answers will vary.

E.
1. Nació en la República Dominicana.
2. Conoció al diseñador Cristóbal Balenciaga.
3. Dice que es «un reflejo de la imagen que quieres proyectar».
4. Ha ayudado a construir una escuela y un orfelinato (en Santo Domingo).
5. Answers will vary.

F.
1. Nació en Nueva York.
2. De Puerto Rico.
3. Asistir a la Escuela de Música Juilliard.
4. Es un programa que da a jóvenes músicos talentosos los medios para continuar sus estudios.
5. Answers will vary.

G.
1. considerados
2. redonda
3. esbelta
4. fieles
5. vanidosas

H.
1. ha hecho
2. hemos visto
3. han regado
4. has salido
5. he desyerbado

I.
1. navegaremos
2. irás
3. querrá
4. saldré
5. harán

J.
1. Maribel tenía un bolso.
2. Martín miraba una billetera.
3. Lola y Anita usaban pendientes.
4. Juan y Raúl preferían sudaderas.
5. Carol llevaba un prendedor.

K. Answers will vary.

L. Answers will vary.

M. Answers will vary.

N. Answers will vary.

Prueba comprensiva para hispanohablantes

A.
1. re/par/tir
2. des/en/chu/far
3. bom/bi/lla
4. es/tam/pa/do
5. im/pa/cien/te

B. Answers will vary.

C.
1. C
2. F
3. F
4. C
5. F

D. Answers will vary.

E.
1. Nació en la República Dominicana.
2. Conoció al diseñador Cristóbal Balenciaga.
3. Dice que es «un reflejo de la imagen que quieres proyectar».
4. Ha ayudado a construir una escuela y un orfelinato (en Santo Domingo).
5. Answers will vary.

F.
1. Nació en Nueva York.
2. De Puerto Rico.
3. Asistir a la Escuela de Música Juilliard.
4. Es un programa que da a jóvenes músicos talentosos los medios para continuar sus estudios.
5. Answers will vary.

G.
1. considerados
2. redonda
3. esbelta
4. fieles
5. vanidosas

H.
1. ha hecho
2. hemos visto
3. han regado
4. has salido
5. he desyerbado

I.
1. navegaremos
2. irás
3. querrá
4. saldré
5. harán

J.
1. Maribel tenía un bolso.
2. Martín miraba una billetera.
3. Lola y Anita usaban pendientes.
4. Juan y Raúl preferían sudaderas.
5. Carol llevaba un prendedor.

K. Answers will vary.

L. Answers will vary.

M. Answers will vary.

N. Answers will vary.

Multiple Choice Test Items

Etapa 1
1. b
2. d
3. c
4. d
5. a
6. a
7. d
8. b
9. a
10. c
11. d
12. b
13. b
14. a
15. b
16. d
17. c
18. a
19. c
20. b

Etapa 2
1. a
2. d
3. b
4. c
5. b
6. d
7. c
8. a
9. b
10. d
11. c
12. a
13. b
14. a
15. c
16. d
17. c
18. c
19. d
20. a

Etapa 3
1. c
2. d
3. a
4. b
5. a
6. c
7. b
8. c
9. b
10. d
11. a
12. c
13. c
14. b
15. d
16. b
17. a
18. a
19. c
20. d

Video Activities

Actividad 1
1. F
2. C
3. F
4. F
5. F

Actividad 2
A. 3
B. 2
C. 4
D. 5
E. 1

Actividad 3
Answers will vary. Possible answers:
1. Sabía que Robert iba a aprenderlo en la calle y en la escuela con los amigos.
2. Es debido al sistema político entre Estados Unidos y Cuba.
3. Para los hispanos lo primero es la familia. Para los estadounidenses es la costumbre trabajar mucho y no prestan tanta atención a sus familias.
4. Piensa que es bueno, pero conseja que no olvide la familia.
5. Robert iba a aprenderlo en la calle y en la escuela con los amigos.

Actividad 4
más de 20 millones
1 millón
7 millones
600,000

Actividad 5
1. C
2. F
3. C
4. F
5. C

Actividad 6
1. La ciudad natal de Néstor Torres es Mayagüez, Puerto Rico.
2. Recuerda haber almorzado en la casa de su abuelo.
3. Los tres instrumentos de que habla son el violín, la flauta y el timbal.
4. Menciona Tito Puente, Gloria Estefan y Julio Iglesias.
5. Dice que él es orgulloso de ser latinoamericano, pero primero es ser humano, es Néstor Torres, y después es latinoamericano.

Actividad 7
1. Answers will vary.
2. Answers will vary. Students may agree or disagree with Néstor Torres' view of the United States. They must expand upon their opinions.
3. Answers will vary. Possible answer: Cuando comenzó su estudio de la música, Néstor no sabía que sería muy difícil. Tenía que trabajar el día y practicar la flauta y estudiar la noche. Pero sus vecinos se opusieron al ruido. Entonces tuvo que encontrar y alquilar un estudio. Tenía hambre casi todo el tiempo. Fue a menudo a las galerías de arte para comer los entremeses. No tenía ni teléfono ni televisión ni muchos muebles ni mucha ropa. La calefacción de su apartamento no funcionaba muy bien. Las actuaciónes que encontró no pagaban bien.
4. Answers will vary.
5. Answers will vary.

Answer Key

246 **Unidad 1**
Answer Key

¡En español! Level 3